Cocinar hoy...

Para invitados, con rapidez y microondas

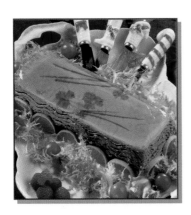  

OCEANO

Es una obra de
GRUPO OCEANO

Dirección General de Ediciones
Carlos Gispert

Recetas, Cocina y Estilismo
Itos Vázquez

Fotografías
Fernando Ramajo

Coordinación Editorial
Ángel de Miguel

Maquetación y Diseño
Lili Mínguez, Esther Mosteiro,
Rocío T. Notario

Portada
Gilber Schneider

© MMV EDITORIAL OCEANO
Milanesat, 21-23
EDIFICIO OCEANO
08017 Barcelona (España)
Tel.: 93 280 20 20* - Fax: 93 204 10 73
www.oceano.com
e-mail: librerias@oceano.com

ISBN: 970-777-050-3

Depósito Legal: B-10492-XLVIII

9001710010405

CORRECCIÓN DE LOS TIEMPOS DE COCCIÓN SEGÚN LA ALTITUD		
ALTITUD	TEMPERATURA DE EBULLICIÓN DEL AGUA	CORRECCIÓN POR HORA DE COCCIÓN
+1500	97º C	+3 minutos
+2000	96º C	+4 minutos
+2500	95º C	+5 minutos
+3000	94º C	+7 minutos

Nota: Estos valores son aproximados y pueden variar ligeramente debido al clima local de cada región.

INTRODUCCIÓN

Con este libro, he querido aportar un compendio de soluciones a algunas de las preguntas que a veces nos agobian o preocupan. "Vienen invitados, ¿qué les preparo?" He recopilado más de 40 recetas fáciles de realizar y con resultados espectaculares.

Otro de los problemas que a veces nos preocupa es el tiempo. Por cualquier motivo, nos encontramos en la necesidad de cocinar algo que sea rico y vistoso, pero tenemos muy poco tiempo. No importa. La selección que os he escogido, os permitirá salir del paso sin mayores problemas.

Y por último, ese interrogante que nos hacemos desde que compramos o nos regalaron el microondas. "¿Este aparato sirve sólo para calentar, o tiene más posibilidades?" ¡Y vaya si las tiene! Los pescados y las verduras son los más favorecidos por la cocción en el microondas. Más sabor, más vitaminas y menos tiempo. Pero no son los únicos. Como veréis en este apartado, os he preparado un abanico de posibilidades que podréis ir ampliando con vuestra experiencia.

Como existen modelos de distintas potencias (aquí hemos utilizado uno de 600 W), deberá, en consecuencia, ajustar los tiempos de cocción.

También es necesario considerar la altitud a la que os encontréis. Seguramente tendréis que hacer dos o tres pruebas para ajustar los tiempos a vuestras circunstancias.

En cualquier caso, estoy segura de que este libro os será de gran utilidad y disfrute.

Itos Vázquez

Cocinar para invitados

Hoy día, al leer las revistas o periódicos, e incluso oír la radio o ver la televisión, es difícil no toparnos en cualquier momento con las últimas novedades en cuanto a dietas se refiere. No hay duda de que todos somos conscientes de que los kilos de más pueden matar y que las fibras pueden curar y son esenciales en una buena alimentación. En adhesión a estas tendencias haremos que aquellos que disfrutan comiendo puedan seguir haciéndolo saludablemente durante gran número de años. Sin embargo, en mi opinión, como premio por ser cuidadoso durante toda la semana y seguir una dieta, es razonable relajarse y ser menos estricto en el régimen durante el fin de semana. Recibir amigos es una excusa excelente para justificar este premio.

Las fiestas siempre deberían ser un evento feliz, el objetivo es reunirse con los amigos y disfrutar de su compañía en una atmósfera de convivencia, sumando a ello el placer de una buena comida y un buen vino.

Elija los invitados con gran cuidado entre aquellos que tengan algún interés en común y sean afines, para conseguir que las conversaciones discurran sin sobresaltos. Escoja tanto el número de invitados como el menú de acuerdo con sus posibilidades, ya que esto le permitirá permanecer relajada y feliz.

Una fiesta con éxito requiere una planificación cuidadosa y una consciencia de nuestras propias limitaciones. Ser demasiado ambicioso es una equivocación en la que incurren muchas anfitrionas inexpertas, por ello es mucho mejor afianzarse en lo que ya conoce y puede preparar realmente bien que intentar impresionar.

Es labor del anfitrión o anfitriona hacer lo imposible para que sus amigos se sientan como en su propia casa, creando una atmósfera cálida y amistosa.

PLANEAR EL MENÚ

Es obvio que el factor más importante será la comida por sí misma. Tanto si la ocasión es una cena íntima, una fiesta de tarde o un buffet, ha de planearse pensando en un menú equilibrado, que es lo más importante, y aunque normalmente no se le presta la atención necesaria, la combinación de sabores, colores, texturas y formas hará que tenga el éxito merecido. Para un plato principal fuerte que incluya por ejemplo una salsa cremosa, escoja un postre sabroso y fresco y empiece con una entrada ligera. La textura es también importante. Si el primer plato es, por ejemplo, una ensalada y el plato principal un ragout, entonces termine con un postre crujiente, con algo de pastelería, como por ejemplo una tarta de fresas. Los sabores se deberían conjuntar cuidadosamente –recuerde que cada plato debe enlazar con el siguiente–, por lo que no empiece la comida con el plato más fuerte y sabroso, llegue a él lentamente. Es también un poco monótono encontrarse con que todos los platos, una vez preparados, son de un color similar. Una sopa de espinacas será un buen complemento con un pastel de carne y, por ejemplo, con una mousse de frutas como postre.

Es una buena idea escoger un plato espectacular y los otros sencillos. Cuanto menos trabajo tenga que hacer frente a última hora, mejor. Salvo que usted tenga gran experiencia, evite salsas que se puedan cortar o guarniciones laboriosas, a no ser que sea factible prepararlas con antelación. Se debe pensar un menú que realmente vaya con la ocasión; por ello, para una cena informal, quizás con un plato principal y un postre tenga solucionado el problema. Sin embargo, si es una cena de negocios o para amigos gastrónomos, una ce-

na de tres o cuatro platos quizá sea lo más conveniente. El orden tradicional de los platos sería comenzar con una sopa, a continuación, pescado, seguido del plato principal de carne, y terminar con el postre y el queso.

En verano, escoja platos ligeros, incluya más ensaladas y utilice toda la gama de sabrosas frutas frescas de la estación, que facilitan rápidos postres simplemente pelándolas, troceándolas y rociándolas con licor.

En invierno, una sopa caliente será siempre bien recibida, y quizás también un postre templado.

Es un regalo tener pastelitos preparados en casa para servir con el café. No dan mucho problema, ya que se pueden preparar con días de antelación y tenerlos guardados en un recipiente con cierre hermético.

Preparación anticipada
Decida el menú. Prepare una lista de compras y planifique

el tiempo de que dispone, especificando lo que puede preparar con una semana o unos días de antelación, y lo que debe hacerse en el día de la fiesta.

Recuerde, si piensa que necesita algo especial, el carnicero, el pescadero e incluso el frutero, tal vez prefieran que les haga el encargo unos días antes. Compre con antelación la mayor cantidad de comestibles que pueda. Por supuesto, los que sean muy perecederos tendrá que ad-

5

quirirlos en el día, pero intente que tanto las compras como la preparación de última hora sean las mínimas para que pueda sentirse más relajada y con menos premura para los últimos toques.

Si es posible, planee un menú en el cual al menos un plato pueda quedar confeccionado con días de antelación: generalmente, la entrada o el postre. Patés, sopas y terrinas, y gran cantidad de postres fríos generalmente se pueden preparar con uno o dos días de antelación. Las batidoras, robots de cocina y licuadoras, son una ayuda indispensable para ello.

Muchas guarniciones y aderezos se pueden preparar con antelación: mayonesa, mantequilla de hierbas, aderezo francés, pan tostado, pan frito, pan de ajo, etc.

El congelador es también imprescindible para estas ocasiones. Se puede utilizar para la conservación de carnes, pescados y verduras que se vayan a usar, pero sobre todo para almacenar platos ya cocinados, aperitivos y postres adecuados para todo tipo de fiestas. Ayudará a reducir en gran parte el tiempo de preparación en los menús de festejos. También se pueden congelar las rodajas de limón listas para las copas, y otros alimentos.

Cuanto más trabajo preliminar haya hecho, más atención podrá dedicar al arreglo de flores, la mesa y tener la casa en orden.

El escenario

La preparación de la atmósfera para la tarde se puede intensificar jugando con las luces, la música, las flores y el colorido además de con una buena comida y bebida.

Las flores naturales son lo mejor para hacer confortable una habitación. Con sus colores y perfume, darán a sus invitados una cordial bienvenida. Ayudan también a dar luz y vida a rincones apagados.

A menudo los arreglos más sencillos son los mejores. Un jarrón con rosas, un florero con amapolas o margaritas, incluso un vaso con flores silvestres.

Las velas son la forma más íntima y romántica de iluminación. El problema es conseguir, además de intimidad y romanticismo, luz suficiente donde sea necesario.

La mesa, por supuesto, es la pieza principal de la noche. Debe dedicarle tiempo para que resulte confortable e interesante. El cómo ordenarla depende del tipo de fiesta y del estilo de comida que vaya a servir.

La elección de la mantelería dará la pauta al modo y estilo de la fiesta. Las servilletas se pueden almidonar ligeramente y colocarlas dentro de los vasos, simplemente dándoles una forma de cono o enrolladas y decoradas con una flor natural.

Toda mesa montada para una comida de características especiales, debería tener un centro –quizás una composición de frutas frescas, o flores secas, pero lo más frecuente serán flores naturales–. Independientemente de lo que utilice, asegúrese de que es un adorno de poca altura para que los comensales a ambos lados de la mesa puedan conversar sin que nada se interponga entre ellos. Si la mesa es para un gran número de invitados, ayuda bastante el poner una tarjetita al lado de cada plato con el nombre del comensal para simplificar y facilitarles la forma de sentarse.

Si desea servir vino blanco y tinto, recuerde poner una copa para cada uno.

Vino

Sin duda, el vino puede dar nuevas dimensiones a una comida. Escogido propiamente, el vino complementará los sabores en el paladar y repercutirá en el humor de la fiesta.

Aunque se puede beber cualquier vino con cualquier comida, no es aconsejable hacerlo. Se deben conjuntar sabores: un plato fuerte de carne requerirá un vino tinto con cuerpo de la misma forma que un plato de carne más ligero irá mejor con un tinto de medio cuerpo e incluso, a veces, con un blanco. El pescado, generalmente, requiere vinos ligeros para complementar su delicado sabor. Es mejor no servir vino, y sobre todo no un buen vino, con un plato con gran cantidad de especias, vinagre o ajo.

Con la mayoría de las sopas o entradas se puede tomar un jerez –fino o amontillado– o un blanco ligero. Para el marisco y los platos sencillos será más adecuado un buen vino blanco seco. La carne roja y la caza van mejor con un vino tinto tipo Rioja o Borgoña. El cordero, el pollo, la ternera y el cerdo van mejor con clarete o un blanco con cuerpo, lleno de carácter. Servir vino dulce con el postre está recuperando popularidad. Un buen vino dulce es caro, pero para una ocasión especial merece la pena.

Como regla general, el vino tinto se debe servir a temperatura ambiente (18° C), y los blancos y rosados ligeramente fríos (6° C). Los tintos con cierta solera, se deben decantar –esto hará que el vino respire además de permitirnos desechar cualquier depósito de posos que se hubiera formado en la botella–. Incluso los vinos tintos económicos mejoran descorchándolos y dejándolos templarse a temperatura ambiente.

El vaso ideal deberá ser alto, límpido e incoloro, con pie y cazoleta con los lados curvos, lo que mejorará el bouquet del vino.

La copa se deberá llenar sólo hasta la mitad para poder apreciar mejor el color y el aroma además del sabor. El vino blanco, que generalmente está frío, se sirve en copas de pie largo para que de esta forma la cazoleta no se temple con el calor de las manos.

LA MESA

Qué duda cabe que una mesa bien arreglada es fundamental a la hora de agradar con una comida. Multitud de veces, sin grandes gastos, tan sólo con el fácil adorno de unas flores secas o quizás con un simple centro de mesa en el que de forma artística hayamos colocado unas bellas frutas o unos pétalos de flor flotando sobre una superficie líquida y delicadamente coloreada, conseguirá unos efectos brillantes y espectaculares.

Hay pequeños detalles que conviene no olvidar. La colocación de los cubiertos: a la derecha cuchillos y cuchara, a la izquierda, los tenedores, en orden de uso. Los cubiertos de postre, en frente del plato, tenedor, cuchillo y cucharilla.

Las servilletas, bien sea graciosamente plegadas sobre el plato o a la izquierda del mismo, aunque en la actualidad, se colocan indistintamente a la izquierda o a la derecha. El platillo del pan y el de la ensalada a la izquierda del comensal.

El orden de colocación de los invitados, salvo en ocasiones de gran boato, no es de mucha importancia hoy en día, pero suelen alternarse una señora y un caballero cuando las circunstancias y el número lo permitan, y en cualquier caso, si hay algún invitado especial, se le colocará a la derecha de la dueña de la casa si es un caballero, o a la del dueño de la casa si es una señora.

Las mejores recetas

Berenjenas rellenas

Ingredientes para 4 personas:

2 berenjenas medianas, alargadas
3 tomates (jitomates) maduros, cortados en rodajas finas
2 cebollas cortadas en aros finos
200 g de queso de cabra, cortado en lonchas
1 cucharada de albahaca picada
1 cucharadita de orégano en polvo
1 cucharada de perejil picado
4 cucharadas de aceite
Filetes de anchoas en aceite para la decoración
Sal y pimienta

Lave las berenjenas, séquelas y córtelas en láminas de 1 cm de grosor, en sentido longitudinal, pero sin llegar al final. Póngalas en un cuenco, cúbralas con agua y sal y déjelas reposar durante 20 minutos para que no amarguen. Escúrralas bien y séquelas con papel absorbente.

A continuación, sazone las berenjenas con sal y pimienta y rellénelas alternando tomate, cebolla y queso.

Seguidamente, colóquelas en una fuente refractaria, espolvoréelas con la albahaca, el orégano y el perejil y rocíelas con el aceite. Tápelas con papel de aluminio y cocínelas en el horno, precalentado a 180° C (350° F), durante 30 minutos o hasta que estén a su gusto.

Por último, retírelas del horno, decórelas con los filetitos de anchoa y sírvalas bien calientes.

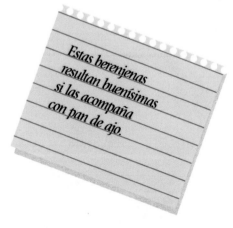

Estas berenjenas resultan buenísimas si las acompaña con pan de ajo.

| Tiempo de realización: 45 minutos | Calorías por ración: 228 |

Tortillas de bechamel

Ingredientes para 4 personas:
4 huevos
4 cucharadas de aceite
50 g de jamón serrano, picado
5 cucharadas de harina
600 ml de leche
400 g de tomate (jitomate) frito
30 g de almendras molidas
2 cucharadas de vino blanco
25 g de queso rallado
Sal y pimienta

Caliente 3 cucharadas de aceite en una sartén y rehogue el jamón. Añada 3 cucharadas de harina, sofríala ligeramente e incorpore poco a poco, sin dejar de remover, 1/2 litro de leche hirviendo. Cocine todo a fuego lento hasta que espese.

Mientras tanto, vierta el tomate frito en un cazo, agréguele las almendras, el vino y sal y pimienta y cocínelo durante 5 minutos, revolviendo de vez en cuando.

A continuación, disuelva la harina reservada en la leche restante. Bata los huevos, agrégueles la mezcla de leche y harina y sazone.

Seguidamente, engrase una sartén con aceite, vierta una cuarta parte de la mezcla y cuaje una tortilla plana. Haga otras 3 tortillas de la misma forma.

Por último, reparta la bechamel entre las 4 tortillas, enróllelas y póngalas en una fuente refractaria. Vierta por encima la salsa de tomate, espolvoréelas con el queso y hornéelas durante 10 minutos. Sírvalas con ensalada.

Tiempo de realización: 30 minutos   Calorías por ración: 486

Rollos de jamón y espinacas

Ingredientes para 4 personas:
- ✓ 8 lonchas finas de jamón de York cortadas por la mitad
- ✓ 800 g de espinacas congeladas
- ✓ 4 cucharadas de mantequilla
- ✓ 2 cucharadas de harina
- ✓ 750 ml de leche hirviendo
- ✓ 150 g de queso parmesano, rallado
- ✓ 1 pizca de nuez moscada
- ✓ 3 huevos cocidos y picados
- ✓ Sal

1

Cocine las espinacas en abundante agua hirviendo con sal durante 5 minutos. Escúrralas bien y píquelas.

A continuación, caliente 2 cucharadas de mantequilla en una sartén. Agréguele la harina, rehóguela ligéramente e incorpore, poco a poco, la leche hirviendo. Cocínela sin dejar de revolver hasta que espese e incorpore el queso (1), la nuez moscada y sal.

2

Seguidamente, mezcle la mitad de la salsa con la mitad de las espinacas y con los huevos, y reparta el relleno sobre el jamón, formando 16 rollitos (2).

Por último, cubra el fondo de una fuente con las espinacas restantes (3). Coloque encima los rollos de jamón, rocíelos con la salsa y ponga por encima

3

pegotitos de mantequilla. Introduzca la fuente en el horno con el gratinador encendido hasta que se dore la superficie y sírvalos decorándolos al gusto.

Tiempo de realización: 45 minutos	Calorías por ración: 663

Ensalada alemana

Ingredientes para 4 personas:

1 1/2 kg de patatas (papas)
100 ml de aceite
1 cebolla picada
150 g de bacon (tocineta ahumada) cortado en trocitos
250 ml de caldo de verduras
50 ml de vinagre de vino
1 cucharada de perejil picado
Sal y pimienta

Cocine las patatas en abundante agua con sal hasta que estén tiernas. Escúrralas, pélelas y córtelas en rodajas. Resérvelas.

Mientras se cocinan las patatas, caliente 2 cucharadas del aceite y sofría la cebolla y el bacon. Cuando estén doraditos, retírelos del fuego y viértalos sobre las patatas preparadas.

A continuación, caliente el caldo y vierta la mitad sobre las patatas. Rocíelas con el vinagre, sazone todo con sal y pimienta y mezcle con cuidado para que las patatas no se rompan. Déjelo macerar durante 1 hora.

Seguidamente, aderece la ensalada con el aceite restante y caldo suficiente para que no quede seca.

Por último, espolvoréela con el perejil y sírvala.

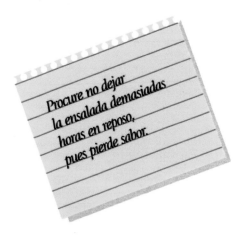

Procure no dejar la ensalada demasiadas horas en reposo, pues pierde sabor.

Tiempo de realización: 1 hora	Calorías por ración: 676

Melón con jamón en ensalada

Ingredientes para 4 personas:
1 melón pequeño, maduro
250 g de jamón serrano
300 g de espinacas frescas
1 manojo de berros
1 cebolleta (cebolla larga) picada
El zumo (jugo) de 1 limón
5 cucharadas de aceite
Un manojito de albahaca fresca, picada
2 cucharadas de vinagre
1 pizca de paprika
Sal

Lave muy bien las espinacas y los berros, desechando las partes terrosas y duras y déjelos escurrir en un colador.

A continuación, corte el melón por la mitad, deseche las semillas y extraiga la pulpa en forma de bolas con una cucharilla especial para ello. (Si no dispone de ella, puede cortar la pulpa en dados).

Seguidamente, trocee las lonchas de jamón y confeccione unas brochetas alternando las bolas de melón y el jamón. Reparta las espinacas, los berros y la cebolleta en 4 platos de servir y coloque las brochetas sobre la verdura.

Por último, mezcle en un cuenco el zumo de limón con el aceite, la albahaca, el vinagre y sal y rocíe esta mezcla sobre las brochetas. Espolvoree todo con un poco de paprika y sírvalo.

Tiempo de realización: 15 minutos   Calorías por ración: 508

Ensalada templada de habas

Ingredientes para 4 personas:
1 1/2 kg de habas (fabas frescas) tiernas
125 ml de aceite
2 cebolletas (cebolla larga) cortadas en aros finos
2 tomates (jitomates) pelados y picados
2 pimientos (pimentones) rojos de lata, picados
2 lonchas de jamón serrano
2 cucharadas de vinagre
1 cucharadita de hierbabuena fresca, picada
Sal

Quite las vainas de las habas, lave éstas y escúrralas bien.

A continuación, caliente 100 ml de aceite en una cacerola de fondo grueso, agregue las habas y cocínelas a fuego lento durante 40 minutos, removiéndolas de vez en cuando con cuidado, para que no se rompa la piel.

Mientras tanto, coloque las lonchas entre 2 placas de horno y áselas durante 10 minutos o hasta que estén crujientes. Resérvelas.

Seguidamente, agregue las cebolletas a las habas, sazone y cocine todo junto unos minutos. Retírelas del fuego y escúrralas bien con un colador grande. Viértalas en una fuente y agrégueles los tomates y los pimientos.

Por último, mezcle en un cuenco el aceite restante, el vinagre y la hierbabuena. Rocíe esta mezcla sobre las habas, rectifique la sazón y mezcle todo con cuidado. Trocee el jamón, coloque las lascas sobre las habas y sirva de inmediato.

Tiempo de realización: 50 minutos   Calorías por ración: 335

Tarrina de salmón

Ingredientes para 4 personas:

✓ 500 g de salmón fresco sin piel ni espinas
✓ 2 claras de huevo
✓ 1 copa de vino blanco
✓ 200 ml de nata (crema de leche) líquida
✓ 4 cucharadas de aceite
✓ 1 cebolla picada
✓ 1 diente de ajo picado
✓ 1 calabacín (calabacita, chauchita, zucchini) cortado en rodajas finas
✓ 1 zanahoria cortada en rodajas finas
✓ 3 cucharadas de mayonesa
✓ 1/2 cucharada de curry (cari)
✓ 2 cucharadas de eneldo picado
✓ 3 cucharadas de yogur natural
✓ Sal y pimienta

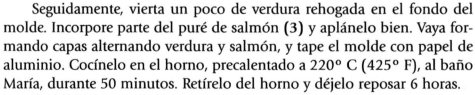

Vierta el salmón en la batidora. Añada las claras de huevo y el vino y bátalos. Agregue la nata **(1)**, sazone con sal y pimienta y triture todo hasta obtener un puré.

A continuación, caliente el aceite y rehogue la cebolla y el ajo. Añádales el calabacín y la zanahoria **(2)** y cocine todo 3 minutos.

Mientras tanto, forre un molde rectangular con papel de aluminio.

Seguidamente, vierta un poco de verdura rehogada en el fondo del molde. Incorpore parte del puré de salmón **(3)** y aplánelo bien. Vaya formando capas alternando verdura y salmón, y tape el molde con papel de aluminio. Cocínelo en el horno, precalentado a 220° C (425° F), al baño María, durante 50 minutos. Retírelo del horno y déjelo reposar 6 horas.

Por último, cuando lo vaya a servir, mezcle la mayonesa con el curry, el eneldo y el yogur. Desmolde la tarrina y sírvala cortada en rodajas con la salsa en salsera aparte.

Tiempo de realización: 1 hora   Calorías por ración: 609

Vol-au-vent de espárragos

Ingredientes para 4 personas:
500 g de pasta de hojaldre congelada
1 huevo
1/2 manojo de espárragos verdes
3 cucharadas de aceite
1/2 cebolla pequeña, picada
2 lonchas de jamón serrano, picadas
1 cucharada de harina
1/2 taza de leche
1 cucharadita de perejil picado
1 pimiento (pimentón) rojo de lata, en tiritas
Sal y pimienta

Una vez descongelado el hojaldre, estírelo con un rodillo sobre una superficie enharinada, dejándolo en una plancha de 1/2 cm de grosor. Corte 12 discos de unos 12 cm de diámetro. Reserve 4 y corte el centro de los 8 restantes dejando un hueco central de 7 u 8 cm.

A continuación, ponga los 4 discos en una placa de horno, separados entre sí, y pincélelos con el huevo batido. Ponga encima de cada uno un aro y pincele cada aro con huevo. Cúbralos con los aros restantes y pincele de nuevo con el huevo restante. Una vez formados los vol-au-vents, introduzca la placa en el horno, precalentado a 180° C (350° F), durante 20 minutos.

Mientras tanto, lave los espárragos, deseche las partes duras, corte las puntas y pique el resto en trocitos muy pequeños. Cocínelos en agua con sal hasta que estén tiernos. Viértalos en un colador y déjelos escurrir.

Seguidamente, caliente el aceite y rehogue la cebolla. Incorpórele el jamón, sofríalo ligeramente, añada la harina y mezcle todo bien. Incorpore la leche sin dejar de remover y cocine hasta que se forme una bechamel. Agréguele los espárragos picados y rectifique la sazón.

Por último, rellene los vol-au-vents con este preparado, espolvoréelos con el perejil y hornéelos durante unos minutos. Retírelos del horno, decórelos con las puntas de espárragos y el pimiento y sírvalos bien calientes.

Tiempo de realización: 40 minutos   Calorías por ración: 680

Pastel de coliflor y brécol

Ingredientes para 4 personas:
500 g de coliflor
500 g de brécol (brócoli)
50 ml de vinagre
4 huevos
5 cucharadas de mantequilla
2 cucharadas de harina
250 ml de leche
1 pizca de nuez moscada
1 cucharada de perejil picado
50 g de queso gruyère rallado
Sal y pimienta

Separe la coliflor y el brécol en pellas y cocínelas por separado en agua hirviendo con sal y vinagre, durante 15 minutos. Escúrralos y resérvelos.

A continuación, ponga la coliflor en la batidora y hágala puré. Añádale 2 huevos y bata de nuevo. Repita la operación, esta vez con el brécol, agregándole los huevos restantes, incorpore a cada puré 1 cucharada de mantequilla y rectifique la sazón. Reserve ambos por separado.

Seguidamente, engrase un molde rectangular con 1 cucharada de mantequilla y llénelo alternando capas de los 2 purés. Introduzca el pastel en el horno precalentado a 220° C (425° F) y cocínelo al baño María durante 15 minutos.

Mientras tanto, prepare una bechamel con la mantequilla restante, la harina y la leche. Sazónela con nuez moscada, sal y pimienta y reserve caliente.

Por último, desmolde el pastel, y sírvalo en lonchas gruesas con la bechamel y espolvoreado con el perejil y el queso rallado.

Tiempo de realización: 40 minutos   Calorías por ración: 307

Ensalada de langosta

Ingredientes para 6 personas:

2 langostas
2 tomates (jitomates) maduros, sin semillas y picados
1 cebolla grande, picada
4 cucharadas de zumo (jugo) de limón
1 cucharada de vinagre
Sal y pimienta

Caliente abundante agua con sal en una cacerola y cuando comience a hervir sumerja las langostas y deje que el agua hierva de nuevo. Baje el fuego y cocínelas durante 15 minutos más.

A continuación, retire las langostas del agua, déjelas enfriar ligeramente, corte los caparazones y retire la carne con cuidado. Córtela en rodajas y reserve.

Seguidamente, mezcle los tomates con la cebolla, el zumo de limón y el vinagre. Vierta esta mezcla sobre las rodajas de langosta y déjela macerar durante 15 minutos.

Por último, coloque la langosta en una fuente y sírvala con ensalada al gusto.

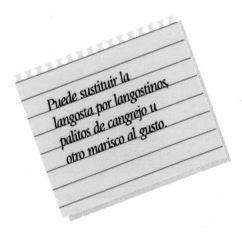

Puede sustituir la langosta por langostinos, palitos de cangrejo u otro marisco al gusto.

Paté de ave

Ingredientes para 8 personas:
- ✓ 400 g de higaditos de pollo
- ✓ 6 hojas de gelatina
- ✓ 100 g de mantequilla
- ✓ 1 cebolla picada
- ✓ 2 dientes de ajo, picados
- ✓ 100 g de tocino (tocineta) picado
- ✓ 2 cucharadas de jerez oloroso
- ✓ 2 cucharadas de brandy (cognac)
- ✓ 1 pizca de tomillo en polvo
- ✓ 1 pizca de nuez moscada en polvo
- ✓ 1 cubito de caldo de carne
- ✓ Sal y pimienta

Ponga la gelatina en remojo.

Caliente la mantequilla en una sartén al fuego y rehogue la cebolla y los ajos. Agregue los higaditos, limpios y troceados junto con el tocino y sofría todo junto durante unos minutos (1).

A continuación, vuelque todo en el vaso de la batidora. Vierta el jerez y el brandy en la sartén, remueva bien para recoger los jugos y viértalos en la batidora. Agregue el tomillo y la nuez moscada, y sazone con sal y pimienta.

Seguidamente, caliente 2 vasos de agua y agréguele el cubito desmenuzado y la gelatina escurrida. Re-

mueva todo hasta que se disuelva y vierta parte en un molde rectangular (2), para cubrir el fondo. Introdúzcalo en el frigorífico hasta que cuaje.

Por último, bata la mezcla de higaditos hasta obtener una pasta suave y homogénea y viértala sobre la capa de gelatina (3). Cúbrala con la gelatina restante, y deje reposar el paté en el frigorífico hasta el día siguiente.

Tiempo de realización: 45 minutos	Calorías por ración: 279

Tartaletas bicolor

Ingredientes para 4 personas:
16 tartaletas compradas hechas
1 aguacate grande
El zumo (jugo) de 1 limón
1/2 cebolla rallada
1 tomate (jitomate) sin semillas y rallado
Un ramillete de cilantro (culantro) finamente picado
Unas gotas de tabasco
150 g de salmón ahumado
Sal y pimienta

Corte el aguacate por la mitad en sentido longitudinal, retire el hueso y extraiga la pulpa con una cuchara, vertiéndola en un plato hondo. Aplástela con un tenedor para hacerla puré y rocíela con el zumo de limón para que no se ennegrezca.

A continuación, incorpórele la cebolla, el tomate, el cilantro y el tabasco. Sazone todo con sal y pimienta y mézclelo con el tenedor hasta obtener un puré homogéneo.

Seguidamente, trocee el salmón ahumado para obtener 16 lonchitas pequeñas.

Por último, rellene las tartaletas con el puré de aguacate, coloque una lonchita de salmón sobre cada una y decórelas con un trocito de tomate, pimiento, o al gusto.

Estas tartaletas también puede prepararlas sustituyendo el salmón por anchoas, trucha ahumada o incluso jamón serrano.

Tiempo de realización: 15 minutos   Calorías por ración: 519

Terrina de merluza y verduras

Ingredientes para 6 personas:

2 lomos de merluza (corvina, pescada) de 250 g cada uno
2 tazas de caldo de pescado
1 calabacín (calabacita, chauchita, zucchini) cortado en dados pequeños
3 zanahorias cortadas en dados pequeños
1 cucharada de mantequilla
1 latita de huevas de mujol
1 sobre de gelatina en polvo, sin sabor
1 taza de mayonesa
50 g de atún en aceite
1 cucharadita de mostaza
1 cucharada de alcaparras picadas
1 cucharadita de estragón picado
1 cucharadita de perejil picado
Sal

Caliente el caldo y cocine el pescado durante 6 o 7 minutos. Déjelo enfriar sumergido en el caldo.

Mientras tanto, cocine el calabacín y las zanahorias por separado en agua con sal. Escúrralos bien.

A continuación, engrase con la mantequilla un molde rectangular y coloque el calabacín cubriendo toda la base del molde. Ponga encima un lomo de pescado reparta las huevas de mujol sobre el mismo. Coloque sobre las huevas el otro lomo de pescado y termine de llenar el molde con las zanahorias.

Seguidamente, disuelva la gelatina en 1 1/2 tazas del caldo de cocer el pescado y vierta en el molde. Introdúzcalo en el frigorífico durante 5 horas o hasta que esté bien cuajado.

Por último, ponga en la batidora la mayonesa junto con el atún, las alcaparras, la mostaza y las hierbas y bata hasta que la salsa esté homogénea. Desmolde la terrina, córtela en lonchas gruesas y sírvala con la salsa preparada.

Tiempo de realización: 30 minutos	Calorías por ración: 279

Paté de salmón

Ingredientes para 4 personas:
250 g de salmón, cocido o asado
1 sobre de gelatina en polvo
1 1/2 tazas de caldo de pescado
1 huevo cocido
1 pepino (cohombro) cortado en rodajas finas
2 cucharadas de mayonesa
1 cucharadita de mostaza en polvo
1 cucharada de jerez
1 pizca de eneldo en polvo
Sal y pimienta

Diluya la gelatina en el caldo de pescado y vierta un poco en un molde metálico, cubriendo la base. Introduzca el molde en el frigorífico hasta que cuaje.

A continuación, coloque encima, de forma decorativa, unos trocitos de salmón, 1 rodaja de pepino y 1 rodaja de huevo cocido. Cúbralos con otra capa fina de gelatina y refrigere todo de nuevo.

Mientras tanto, ponga en la batidora el salmón. Agréguele el huevo restante, la mayonesa, la mostaza, el jerez, el eneldo y sazone con sal y pimienta. Bata todo hasta obtener un puré suave y homogéneo y mézclelo con la gelatina restante.

Seguidamente, vierta el preparado anterior en el molde. Cubra la superficie con rodajas de pepino y refrigere hasta que esté bien cuajado.

Por último, sumerja el molde en agua caliente, desmolde el paté y sírvalo acompañándolo con tostadas.

Tiempo de realización: 15 minutos   Calorías por ración: 156

Huevos en tomate

Ingredientes para 6 personas:

✓ 6 huevos
✓ 6 tomates (jitomates) rojos pero duros
✓ 125 g de mantequilla
✓ 125 g de queso rallado
✓ 6 rebanadas de pan de molde (de caja)
✓ Sal

1

Pele los tomates con mucho cuidado, corte una capa de la parte superior y extraiga el corazón y las semillas procurando que quede algo de pulpa.

A continuación, mezcle la pulpa de tomate extraída con la mitad de la mantequilla y la mitad del queso rallado (1).

Seguidamente, retire la corteza del pan y unte las rebanadas con el preparado anterior (2). Colóquelas en una fuente refractaria.

2

Por último, casque un huevo dentro de cada tomate (3), sálelos, cúbralos con la mantequilla restante y espolvoréelos con el queso reservado. Colóquelos sobre las rebanadas de pan e introdúzcalos en el horno, con el gratinador encendido, durante 10 minutos o hasta que los huevos estén cuajados. Sírvalos de inmediato decorándolos al gusto.

3

Tiempo de realización: 25 minutos   Calorías por ración: 403

Langostinos estilo chino

Ingredientes para 4 personas:
24 langostinos
3 cucharadas de salsa de soja
1/2 taza de catsup (ketchup)
1/2 copa de vino blanco, seco
1 cucharadita de vinagre
1 cucharadita de azúcar morena
1 cucharada de maicena (fécula de maíz)
2 cucharadas de agua
1 cucharada de aceite de oliva
300 g de semillas de sésamo (ajonjolí)

Vierta en un cazo la salsa de soja, el catsup, el vino, el vinagre y el azúcar y caliente todo a fuego lento.

A continuación, disuelva la maicena en el agua, incorpórela a la salsa caliente, remueva todo bien y cocínelo durante unos minutos hasta que comience a espesar.

Seguidamente, pele los langostinos y saltéelos a fuego fuerte en una sartén con el aceite bien caliente.

Por último, coloque los langostinos en una fuente, rocíelos con la salsa y espolvoréelos con las semillas de sésamo. Sírvalos acompañados de ensalada al gusto.

Para esta receta puede utilizar gambas grandes congeladas, peladas.

Tiempo de realización: 15 minutos   Calorías por ración: 257

Salmón en papillote

Ingredientes para 4 personas:
4 rodajas de salmón
4 patatas (papas) medianas
8 hojas de laurel
1/2 taza de mayonesa
Sal

Lave las patatas y sin pelar, envuélvalas en papel de aluminio. Introdúzcalas en el horno, precalentado a 200° C (405° F), y cocínelas durante 45 minutos o hasta que estén tiernas.

Mientras tanto, lave las rodajas de salmón, séquelas con papel absorbente y sazónelas. Ponga 1 hoja de laurel por cada lado de las rodajas y envuélvalas por separado en papel de aluminio, doblando bien los extremos para que cada paquete quede bien cerrado y no se escape el vapor.

A continuación, cuando las patatas estén asadas, retírelas del horno e introduzca los papillotes de salmón, colocándolos en el horno sobre la rejilla central. Áselos durante 8 minutos.

Seguidamente, retírelos del horno, deseche el papel de aluminio y las hojas de laurel y coloque cada rodaja en un plato tibio.

Por último, desenvuelva las patatas, córtelas por la mitad y colóquelas en los platos con el corte hacia arriba. Decore el salmón con un poquito de mayonesa y sírvalo con la mayonesa restante en salsera aparte.

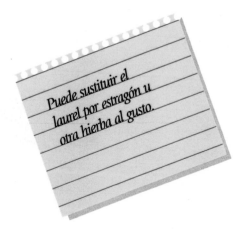

Puede sustituir el laurel por estragón u otra hierba al gusto.

Tiempo de realización: 55 minutos   Calorías por ración: 330

Cigalas al estragón

Ingredientes para 4 personas:
16 cigalas medianas
3 cucharadas de aceite
1 cebolla picada
Unas ramitas de estragón fresco
1 copa de brandy (cognac)
Sal y pimienta

Retire las cabezas de las cigalas, pélelas con cuidado de no romperlas y córtelas por la mitad en sentido longitudinal. Resérvelas aparte.

A continuación, caliente el aceite en una sartén y rehogue la cebolla a fuego lento hasta que esté transparente. Incorpore el estragón y mézclelo con la cebolla.

Seguidamente, agregue las colas de las cigalas y rehóguelas ligeramente mezclándolas con la cebolla y el estragón.

Por último, caliente el brandy en un cazo, préndale fuego y flambee las cigalas. Sazónelas con sal y pimienta y deje todo al fuego un par de minutos para que dé un hervor. Sírvalas de inmediato decorándolas al gusto.

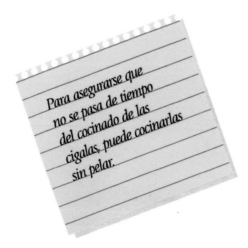

Para asegurarse que no se pasa de tiempo del cocinado de las cigalas, puede cocinarlas sin pelar.

Tiempo de realización: 20 minutos   Calorías por ración: 211

Merluza rellena

Ingredientes para 4 personas:

✓ 1 kg de merluza (corvina, pescada) en un trozo
✓ El zumo (jugo) de un limón
✓ 1 huevo cocido y picado
✓ 2 cucharadas de perejil picado
✓ 2 dientes de ajo
✓ 50 g de jamón serrano, picado
✓ 100 g de gambas (camarones) peladas y troceadas
✓ 1 pimiento (pimentón) rojo de lata, picado
✓ 1 cucharada de queso rallado
✓ 2 cucharadas de pan rallado
✓ 50 g de almendras picadas
✓ 5 cucharadas de aceite
✓ 1 copa de vino blanco, seco
✓ Tiras de pimiento (pimentón) rojo de lata
✓ Sal y pimienta

1

2

3

Abra la merluza, quite la espina central, lávela y séquela con papel absorbente. Colóquela abierta en una fuente, sazónela y rocíela con un poco de zumo de limón. Resérvela.

A continuación, vierta en un cuenco el huevo, la mitad del perejil y de los ajos, el jamón, las gambas, el pimiento picado, el queso y la mitad del pan rallado (1). Mezcle todo bien y repártalo de manera uniforme sobre la merluza (2). Doble el pescado dándole su forma original y cóselo para que el relleno no se salga.

Seguidamente, colóquelo en una fuente refractaria y reparta por encima el perejil y el ajo reservados. Espolvoréelo con las almendras y el pan rallado restante. Rocíelo con el zumo de limón y el aceite e introdúzcalo en el horno, precalentado a 180° C (350° F), durante 25 minutos.

Por último, rocíelo con el vino (3), coloque las tiras de pimiento y hornee unos 10 minutos más. Sírvalo bien caliente decorándolo al gusto.

Tiempo de realización: 50 minutos	Calorías por ración: 535

Ostras a la mantequilla de naranja

Ingredientes para 4 personas:
24 ostras (ostiones)
30 g de mantequilla
1 cucharada de aceite
El zumo (jugo) de 1 naranja
El zumo (jugo) de 1/2 limón
La ralladura de 1/2 naranja
2 naranjas cortadas en rodajas muy finas
Sal y pimienta

Lave bien las ostras y colóquelas en una cazuela. Tápela y póngala al fuego hasta que las ostras se abran. Sepárelas de las valvas y resérvelas.

A continuación, ponga en un cazo la mantequilla, el aceite, los zumos de naranja y limón, y la ralladura de naranja. Sazone con sal y pimienta y cocine todo a fuego lento durante unos minutos, sin dejar de remover.

Seguidamente, ponga las rodajas de naranja en una fuente o en platos especiales para ostras, y coloque una ostra sobre cada rodaja.

Por último, rocíelas con la salsa preparada y sírvalas.

Para abrir las ostras, también puede colocarlas en un colador grande y éste sobre una cazuela con agua hirviendo. Manténgalas al vapor un par de minutos y ábralas.

Tiempo de realización: 15 minutos   Calorías por ración: 161

Langosta Thermidor

Ingredientes para 4 personas:

2 langostas de 1 kg cada una
2 cucharadas de mantequilla
1 cebolla grande, picada
125 ml de vino blanco
1 taza de bechamel clarita
1 taza de tomate (jitomate) frito con cebolla
4 cucharadas de queso gruyère, rallado
4 cucharadas de queso parmesano, rallado
Sal y pimienta

Cocine las langostas durante 15 o 20 minutos en una cazuela con abundante agua hirviendo con sal. Córtelas por la mitad en sentido longitudinal, retire la carne de las cabezas y las colas, desvénelas y pique la carne. Reserve los caparazones y la carne por separado.

A continuación, derrita la mantequilla en una sartén y rehogue la cebolla hasta que comience a dorarse. Añádale la carne de las langostas y el vino, sazone con sal y pimienta y cocine todo a fuego lento durante 5 minutos.

Seguidamente, rellene los caparazones con la langosta cocinada. Mezcle la bechamel con el tomate y viértalos por encima. Espolvoree las langostas rellenas con los quesos de manera uniforme y gratínelas en el horno, precalentado a 200° C (405° F) durante 8 o 10 minutos, hasta que empiecen a dorarse.

Por último, retírelas del horno y sírvalas.

Tiempo de realización: 45 minutos   Calorías por ración: 695

Perdices escabechadas en gelatina

Ingredientes para 4 personas:
2 perdices
100 ml de aceite
2 cebollas cortadas en trozos grandes
4 dientes de ajo pelados
2 zanahorias en rodajas
1 ramita de tomillo
1 ramita de perejil
2 hojas de laurel
500 ml de vino blanco
250 ml de vinagre
1 sobre de gelatina aspic
Sal y pimienta

Limpie las perdices y átelas con un poco de cuerda para que no pierdan la forma durante la cocción.

A continuación, caliente el aceite en una cacerola y dore las perdices. Retire parte del aceite y agregue a la cacerola las cebollas, los ajos, las zanahorias, el tomillo, el perejil y el laurel. Rehogue todo junto durante 5 minutos e incorpore el vino y el vinagre. Cocine todo durante 10 minutos, sazone con sal y pimienta y compruebe que las perdices están bien cubiertas de líquido. Si fuera necesario, agregue un poco de agua. Tape la cacerola y cocine a fuego lento durante 1 1/2 horas. Retire del fuego y deje enfriar las perdices dentro del caldo.

Seguidamente, cuele el caldo, reservando 400 ml y disuelva en él la gelatina.

Por último, deshuese las perdices y reparta su carne en 4 moldes individuales, colocándola de forma decorativa. Llénelos con la gelatina e introduzca los moldes en el frigorífico hasta que cuajen. Desmóldelos y sírvalos con ensalada al gusto.

Tiempo de realización: 1 hora 50 minutos   Calorías por ración: 823

Pollo relleno

Ingredientes para 6 personas:
- ✓ 1 pollo grande, preparado para asar
- ✓ 150 g de champiñones (hongos, setas) picados
- ✓ 2 cucharadas de aceite
- ✓ 1 cebolla pequeña, picada
- ✓ 300 g de magro de cerdo (cochino, chancho) picado
- ✓ 200 g de tocino (tocineta) picado
- ✓ 25 g de nueces peladas y picadas
- ✓ 1 manzana reineta, cortada en daditos
- ✓ 1 huevo
- ✓ 1 copita de jerez
- ✓ 1 tacita de miga de pan remojada en leche
- ✓ Sal

Lave el pollo, séquelo y cosa la piel del cuello. Sazónelo por fuera con sal y resérvelo.

A continuación, caliente el aceite en una sartén y sofría la cebolla. Añada los champiñones, la carne y el tocino y rehogue todo junto durante 10 minutos **(1)**.

Seguidamente, ponga la mezcla en un cuenco y agréguele las nueces, la manzana **(2)**, el huevo, el jerez y la miga de pan escurrida. Mezcle todo bien y sazónelo.

Por último, rellene el pollo con el preparado anterior **(3)** e introdúzcalo en el horno, precalentado a 180° C (350° F), unas 2 horas, regándolo de vez en cuando con el jugo que vaya soltando. Sírvalo decorado al gusto.

Tiempo de realización: 2 horas 20 minutos	Calorías por ración: 765

Tartaleta de primavera

Ingredientes para 4 personas:

250 g de pasta de hojaldre congelada
5 cucharadas de aceite
1 pechuga de pollo cortada en dados pequeños
1 cebolla grande, picada
1 calabacín (calabacita, chauchita, zucchini) cortado en dados
1/2 berenjena cortada en dados
1/2 pimiento (pimentón) rojo, troceado
1/2 pimiento (pimentón) verde, troceado
500 g de tomates (jitomates) pelados y picados
1 huevo batido
1 cucharadita de orégano en polvo
Sal

Deje el hojaldre fuera del congelador a temperatura ambiente para que se descongele.

Mientras tanto, caliente el aceite en una sartén grande, sazone la pechuga de pollo y fríala hasta que esté bien dorada. Retírela y resérvela.

A continuación, en el mismo aceite, rehogue la cebolla hasta que esté transparente. Incorpórele las verduras restantes, sazónelas y cocine todo a fuego lento durante 30 minutos, removiéndolo de vez en cuando.

Mientras se cocinan las verduras, enharine una mesa y extienda la pasta de hojaldre con un rodillo, dejándola más bien fina. Engrase un molde de tarta y fórrelo con el hojaldre, haciendo algún adorno en los bordes. Pinche el fondo y los lados con un tenedor, coloque algún peso en el fondo y pincele los bordes con el huevo batido. Introduzca la tartaleta en el horno, precalentado a 180° C (350° F), durante 30 minutos.

Seguidamente, incorpore la pechuga frita a las verduras y rehogue todo junto durante unos minutos.

Por último, retire la tartaleta del horno, rellénela con las verduras con pollo preparadas, espolvoréela con el orégano y sírvala.

Tiempo de realización: 50 minutos   Calorías por ración: 494

Lomo relleno

Ingredientes para 4 personas:

750 g de lomo de cerdo (cochino, chancho) en un trozo
250 g de carne de vaca (res) picada
1 tacita de pan rallado
4 huevos
1 pimiento (pimentón) rojo de lata, picado
50 g de aceitunas (olivas) verdes, deshuesadas
1 cebolla pequeña, picada
Pan rallado para empanar
2 cucharadas de aceite
Sal

Corte el lomo en filetes pero sin llegar hasta el final (como un libro) y sazónelo por dentro y por fuera.

A continuación, vierta en un cuenco la carne picada. Añada el pan, 2 huevos, el pimiento, las aceitunas y la cebolla. Sazone y mezcle todo bien. Reparta el relleno entre los filetes y presione toda la pieza por arriba y por los lados para que quede bien compacta.

Seguidamente, ponga pan rallado en un plato y bata los huevos en otro. Pase la pieza preparada por los huevos y a continuación por el pan rallado y una vez bien empanada colóquela en una fuente refractaria. Rocíela con el aceite e introdúzcala en el horno, precalentado a 180° C (350° F), durante 1 hora y 20 minutos. Retire la pieza del horno y déjela enfriar.

Por último, córtela en rebanadas al biés y sírvala con puré de patatas y manzanas asadas, o al gusto.

Tiempo de realización: 1 hora 30 minutos   Calorías por ración: 591

Costillar de cordero con costra

Ingredientes para 4 personas:

1 kg de costillar de cordero de la parte central, en un solo trozo
8 dientes de ajo pelados
100 g de pan del día anterior, rallado
4 cucharadas de perejil picado
1 cucharada de tomillo picado
2 cucharadas de aceite
1 cebolla picada
2 cucharadas de manteca de cerdo (cochino, chancho)
1 copa de vino blanco
1/2 taza de caldo de carne
Sal y pimienta

Pida al carnicero que quite la grasa que está pegada a los huesos de las costillas y que los deje lo más limpios posible. Lave la carne, séquela con papel absorbente y sazónela con sal y pimienta.

A continuación, machaque 6 dientes de ajo y mézclelos con el pan, el perejil, el tomillo y el aceite. Sazone todo con sal y pimienta y unte la parte grasa de la carne con esta pasta. Colóquela en una fuente refractaria.

Seguidamente, ponga alrededor de la carne la cebolla y los ajos restantes, picados. Derrita la manteca, rocíela sobre la carne e introduzca la fuente en el horno, precalentado a 205° C (400° F), durante 15 minutos. Abra el horno y vierta en la bandeja el vino y el caldo, y cocine otros 15 minutos más.

Por último, retire la carne del horno y recoja la salsa. Sirva el costillar acompañado de su salsa y con verduras al gusto.

Tiempo de realización: 40 minutos   Calorías por ración: 615

Galantina de pollo

Ingredientes para 8 personas:

✓ 1 pollo deshuesado
✓ 1 huevo batido
✓ 500 g de carne de cerdo (cochino, chancho) picada
✓ 500 g de carne de vaca (res) picada
✓ 1 copa de jerez
✓ 2 cucharadas de miga de pan remojada en leche
✓ 1 diente de ajo picado
✓ 1 cucharada de perejil picado
✓ 1 pizca de orégano y albahaca en polvo
✓ 1 taza de bechamel
✓ 1/2 taza de mayonesa
✓ 1 paquete de gelatina disuelta en vino blanco
✓ Sal y pimienta

1

2

Ponga en un cuenco el huevo junto con las carnes, el jerez, el pan, el ajo, el perejil y las especias. Sazone todo con sal y pimienta y mézclelo bien.

A continuación, rellene el pollo con el preparado anterior (**1**), procurando que no pierda su forma y cosa bien todas las aberturas para que no se salga el relleno. Póngalo en una cacerola, cúbralo con agua y cocínelo durante 2 horas (**2**). Retírelo del caldo y déjelo enfriar poniéndole un peso encima.

3

Seguidamente, mezcle la bechamel con la mayonesa y la gelatina. Cuando comiencen a solidificarse, cubra el pollo con la mezcla (**3**) y decórelo al gusto.

Por último, una vez todo bien frío, sírvalo cortado en lonchas acompañándolo con ensalada.

Tiempo de realización: 2 horas 20 minutos	Calorías por ración: 485

Solomillos en hojaldre

Ingredientes para 4 personas:

2 centros de solomillos (lomitos, solomos) de cerdo (cochino, chancho)
1 huevo
1 cucharada de perejil picado
1 cucharada de mejorana picada
1 cucharada de orégano picado
1 cucharada de vino blanco, seco
500 g de carne de vaca (res) picada
50 g de champiñones (hongos, setas) de lata, picados
1/2 rodaja de pan de molde (de caja), remojada en leche
300 g de pasta de hojaldre
Sal y pimienta

Bata el huevo en un cuenco y agréguele el perejil, la mejorana y el orégano. Revuelva todo bien y agréguele el vino, la carne, los champiñones y el pan. Sazone todo con sal y pimienta y mézclelo bien.

A continuación, sazone los solomillos con sal y pimienta y cúbralos con el preparado anterior.

Seguidamente, extienda el hojaldre con un rodillo, formando 2 rectángulos. Coloque los solomillos sobre ellos y envuélvalos en el hojaldre formando 2 paquetes. Practique unos cortes sobre la superficie para que salga el vapor y colóquelos en una placa del horno.

Por último, introdúzcalos en el horno, precalentado a 220° C (425° F), durante 30 minutos o hasta que el hojaldre esté bien dorado. Sírvalos cortados por la mitad y decorados al gusto.

Tiempo de realización: 50 minutos   Calorías por ración: 802

Corona de cordero rellena

Ingredientes para 4 personas:

1 kg de costillar de cordero lechal, en un trozo
15 g de manteca de cerdo (cochino, chancho)
3 cucharadas de aceite
1 cebolla picada
1 diente de ajo picado
150 g de champiñones (hongos, setas) picados
1 cucharada de perejil picado
1 huevo
1 copa de jerez seco
20 g de miga de pan remojada en leche
50 g de jamón serrano, picado
500 g de carne de cerdo (cochino, chancho) picada
1 cucharadita de mejorana picada
Sal y pimienta

Sazone el costillar con sal y pimienta, engráselo con la manteca, déle forma de corona, átelo y colóquelo en una fuente refractaria. Envuelva el extremo superior de las costillas en papel de aluminio para que no se quemen y resérvelas.

A continuación, caliente el aceite en una sartén y rehogue la cebolla y el ajo hasta que estén transparentes. Incorpore los champiñones y el perejil y cocínelos unos minutos hasta que los champiñones suelten el jugo. Vierta este preparado en un cuenco, añádale el huevo batido con el vino, el pan, el jamón, la carne y la mejorana. Sazónelo con sal y pimienta y mezcle todo bien.

Seguidamente, rellene la corona con la mezcla preparada e introdúzcala en el horno, precalentado a 180° C (350° F), durante 1 hora.

Por último, retire la corona del horno, pásela a una fuente y sírvala con verduras al gusto.

Tiempo de realización: 1 hora 20 minutos   Calorías por ración: 923

Lomo de cerdo con moras

Ingredientes para 6 personas:

1 kg de lomo de cerdo (cochino, chancho) en un trozo
4 dientes de ajo machacados
250 g de moras (frutillas)
1 taza de agua
1 taza de vino tinto
200 g de azúcar
1 cucharadita de zumo (jugo) de limón
Sal y pimienta

Coloque el lomo en una fuente de loza o cristal, refractaria. Sazónelo con sal y pimienta y embadúrnelo con los ajos machacados.

A continuación, introdúzcalo en el horno, precalentado a 180°C (350° F) y cocínelo durante 1 hora, rociándolo de vez en cuando con su propio jugo.

Mientras tanto, ponga en una cazuelita al fuego las moras, el agua, el vino y el azúcar, y cocine hasta obtener un almíbar liviano. Agregue el zumo de limón y reserve.

Cuando el lomo esté tierno, retírelo del horno y córtelo en rebanadas. Colóquelas de nuevo en la fuente, vierta por encima el almíbar de moras y cocine todo junto en el horno durante 10 minutos más. Sírvalo con arroz blanco.

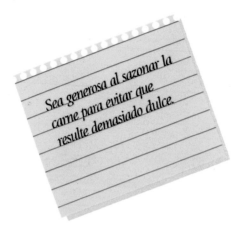

Sea generosa al sazonar la carne para evitar que resulte demasiado dulce.

Tiempo de realización: 1 hora 10 minutos   Calorías por ración: 600

Cabrito adobado a la cacerola

Ingredientes para 6 personas:

- ✓ 2 kg de cabrito (chivito) cortado en trozos
- ✓ 1 cebolla cortada en aros
- ✓ 3 hojas de laurel (1 de ellas picada muy fina)
- ✓ 1 cucharada de orégano en polvo
- ✓ 2 dientes de ajo picados
- ✓ 1 cucharada de tomillo en polvo
- ✓ 2 cucharadas de aceite
- ✓ 100 g de manteca de cerdo (cochino, chancho)
- ✓ 1/2 taza de agua
- ✓ 1 vaso de vino blanco, seco
- ✓ Sal y pimienta

1

Ponga la carne en una fuente grande, sazónela con sal y pimienta y cúbrala con la cebolla, el laurel, el orégano, los ajos y el tomillo **(1)**. Rocíela con el aceite, tape la fuente y déjela reposar durante 1 hora.

2

A continuación, caliente la manteca en una sartén y fría la carne con la cebolla hasta que estén bien doradas **(2)**.

Seguidamente, páselas a una cazuela, agregue el agua y el vino **(3)**, tape el recipiente y cocine todo a fuego lento durante 1 hora o hasta que la carne esté tierna.

Por último, retírela del fuego y sírvala con puré de patatas o al gusto.

3

Tiempo de realización: 1 hora 20 minutos	Calorías por ración: 642

Chuletas con cerezas

Ingredientes para 4 personas:
4 chuletas de ternera (añojo, becerra, mamón)
50 g de mantequilla
3 chalotas picadas
250 g de cerezas (guindas) deshuesadas
2 cucharadas de mosto
3 cucharadas de kirsch
Sal y pimienta negra recién molida

Caliente la mantequilla en un cazo, reservando 1 cucharada y rehogue las chalotas hasta que estén transparentes.

A continuación, incorpóreles las cerezas, el mosto y el kirsch y cocine todo a fuego lento hasta que las cerezas estén tiernas.

Seguidamente, caliente la mantequilla restante en una sartén y fría las chuletas un par de minutos por cada lado a fuego fuerte, hasta que estén doradas a su gusto.

Por último, sazónelas con sal y pimienta negra, colóquelas en los platos, cúbralas con la salsa preparada y sírvalas bien calientes.

Puede acompañar las chuletas con rosetones de puré de patatas, al horno, u otro preparado a base de patatas.

Tiempo de realización: 20 minutos   Calorías por ración: 568

Melón relleno de frutas

Ingredientes para 6 personas:

✓ 1 melón de 1 1/2 kg
  aproximadamente
✓ 1 papaya pequeña
✓ 1 plátano (banano, cambur)
✓ 1 mango mediano
✓ 250 g de uvas desgranadas
✓ 1 naranja
✓ 1 taza de agua
✓ 400 g de azúcar
✓ 1 copa de ron u otro licor

1

Corte el melón por la mitad y retire las pepitas con una cuchara.

A continuación, abra la papaya, extraiga las semillas y corte la pulpa con una cucharilla para que tenga forma de bolita. Pele el plátano y córtelo en rodajas. Pele el mango y parta en trozos la pulpa. Lave las uvas. Extraiga la pulpa del melón, también con una cucharilla para formar las bolitas (1). Pele la naranja y sepárela en gajos.

2

Seguidamente, ponga el agua y el azúcar en una cazuela y cocine todo hasta formar un almíbar. Incorpore todas las frutas (2), apague el fuego y déjelas en maceración durante 2 horas.

Por último, vierta todo en una fuente, añada la copa de licor (3) y déjelo macerar 15 minutos más. Viértalo en la cáscara vacía del melón o sírvalo en la misma fuente.

3

Tiempo de realización: 30 minutos   Calorías por ración: 381

Tarta de queso con moras

Ingredientes para 8 personas:
300 g de queso cremoso tipo Philadelphia
1 paquete de gelatina de limón
10 galletas María
1 cucharada de mantequilla
500 ml de nata (crema de leche) líquida
3 cucharadas de azúcar
100 g de mermelada de moras (frutillas)
250 g de moras (frutillas)

Vierta en un cazo al fuego 1 vaso de agua y cuando comience a hervir, añada la gelatina, retírelo del fuego y revuelva hasta que la gelatina se disuelva. Ponga las galletas en una bolsa de plástico y tritúrelas bien pasándoles un rodillo.

A continuación, engrase con mantequilla un molde desmontable de 20 cm y cubra el fondo con las galletas trituradas, presionándolas bien.

Seguidamente, vierta la nata y el azúcar en la batidora y bata hasta que esté bien montada. Añádale el queso y la gelatina de limón y bata todo de nuevo hasta que se forme una crema suave y homogénea.

Por último, reparta la crema sobre el fondo de galletas. Alise la superficie e introduzca la tarta en el frigorífico durante 4 o 5 horas hasta que esté bien cuajada. Desmóldela dejando la base y colóquela en una fuente. Cubra la superficie con la mermelada y decórela con las moras.

Tiempo de realización: 20 minutos   Calorías por ración: 496

Corona de nieve

Ingredientes para 4 personas:

250 g de coco rallado
500 ml de leche
150 g de azúcar
30 g de gelatina en polvo, sin sabor
1 copita de anís
Frutas rojas para la decoración
3 cucharadas de coco rallado, tostado

Para la salsa:
150 g de mermelada de frambuesa
El zumo (jugo) de 1 limón
2 cucharadas de agua

Ponga el coco en un cuenco, cúbralo con agua y déjelo en remojo durante 30 minutos.

A continuación, caliente la leche con el azúcar. Escurra el coco, viértalo en la leche y cocínelo, sin dejar de remover, durante 5 minutos. Disuelva la gelatina en un poquito de leche e incorpórela al coco cocinado junto con el anís, mezclando todo bien.

Seguidamente, humedezca un molde de corona con agua fría y vierta en él el preparado anterior. Introdúzcalo en el frigorífico y déjelo cuajar.

Por último, vierta en la batidora la mermelada, el zumo de limón y el agua y bata todo hasta obtener una crema. Desmolde la corona y vierta en el centro la salsa preparada. Decórela con frutas rojas (frambuesas, moras, grosellas, etc.) y rodéela con el coco tostado.

Para tostar el coco, hágalo al horno o en una sartén a fuego lento, removiéndolo constantemente.

Tiempo de realización: 15 minutos   Calorías por ración: 655

Brazo de gitano

Ingredientes para 6 personas:

500 ml de leche
La cáscara de 1/2 limón, sólo la parte amarilla
8 huevos
200 g de azúcar
2 cucharadas de maicena (fécula de maíz)
25 g de mantequilla
La ralladura de 1/2 limón
125 g de harina
4 cucharadas de azúcar glass (glasé, impalpable)

Ponga la leche en un cazo junto con la cáscara de limón y cocínela hasta que comience a hervir.

Mientras tanto, vierta en otro cazo 3 yemas de huevo, 75 g de azúcar y la maicena. Mézclelo todo bien y agréguele la leche hirviendo. Póngalo al fuego y cocínelo sin dejar de remover hasta que tome consistencia. Retírelo del fuego, añádale la mantequilla, remuévalo y déjelo enfriar.

A continuación, bata las 5 yemas de huevo restantes junto con la ralladura de limón y el azúcar reservada. Agrégueles 5 claras de huevo batidas a punto de nieve y la harina y mezcle todo bien para que no queden grumos.

Seguidamente, forre una bandeja de horno con papel de aluminio. Vierta en ella la masa preparada formando una capa de 1/2 cm de grosor e introduzca la bandeja en el horno, precalentado a 180°C (350° F), durante 10 minutos.

Mientras tanto, espolvoree azúcar glass sobre un paño de cocina extendido.

Retire el bizcocho del horno, desmóldelo sobre el paño con azúcar y con ayuda del mismo, enróllelo sobre sí mismo dejándolo enfriar para que tome la forma.

Por último, desenrolle el bizcocho con cuidado, extienda por todo el interior la crema pastelera preparada, envuélvalo otra vez con ayuda del paño y déjelo reposar durante 2 horas. Quítele el paño, espolvoréelo con el azúcar glass restante y sírvalo.

Tiempo de realización: 40 minutos   Calorías por ración: 420

Tarta de chocolate rellena

Ingredientes para 8 personas:
- ✓ 4 huevos
- ✓ 125 g de azúcar
- ✓ 125 g de harina
- ✓ 75 g de cacao (cocoa, chocolate)
- ✓ La ralladura de 1/2 naranja
- ✓ 1 cucharada de mantequilla
- ✓ 300 g de chocolate fondant
- ✓ 250 ml de nata (crema de leche) líquida
- ✓ 100 g de nata montada (crema de leche batida) con azúcar
- ✓ 50 g de azúcar o coco rallado

En un recipiente, bata enérgicamente los huevos con el azúcar hasta que doblen su volumen. Incorpore la harina mezclada con el cacao y la ralladura de naranja, y remueva con mucho cuidado (1), con movimientos envolventes, para que no se bajen.

A continuación, engrase un molde de bizcocho con la mantequilla, espolvoréelo con harina y vierta en él la mezcla (2). Introdúzcalo en el horno, precalentado a 180° C (350° F), durante 30 o 40 minutos. Desmóldelo y déjelo enfriar sobre una rejilla.

Mientras tanto, vierta el chocolate y la nata en una cacerola y cocínelos, sin dejar de revolver, hasta que el chocolate se derrita y la mezcla esté homogénea.

Seguidamente, corte el bizcocho por la mitad en sentido horizontal, rellénelo con la nata montada (3), y déle su forma original.

Por último, cubra toda la tarta con la crema de chocolate. Decórela al gusto y espolvoree todo alrededor el azúcar o el coco rallado.

Tiempo de realización: 1 hora	Calorías por ración: 573

Empanadillas de crema

Ingredientes para 8 personas:
500 ml de vino blanco
1 cucharada de azúcar
1 cucharada de manteca de cerdo (cochino, chancho)
1 cucharadita de levadura de panadería
250 g de harina
100 g de mantequilla
250 g de crema pastelera (ver receta de Brazo de gitano)
3 cucharadas de azúcar glass (glacé, impalpable)
Una pizca de sal
Aceite para freír

Vierta en un cazo el vino, un vasito de agua, la sal, el azúcar y la manteca. Póngalo al fuego y cuando comience a hervir, retírelo, déjelo enfriar y agregue la levadura, disolviéndola.

A continuación, ponga la harina en un recipiente grande, añada el preparado anterior y mezcle todo hasta formar una masa. Extiéndala con un rodillo y cúbrala con la mitad de la mantequilla. Dóblela, extiéndala de nuevo con el rodillo y repita la operación.

Seguidamente, corte la masa en discos de 6 o 7 cm. Ponga una cucharadita de crema pastelera en el centro de cada disco, pliéguelos por la mitad y selle los bordes presionando con los dedos.

Por último, fría las empanadillas en abundante aceite caliente, pero no humeante, hasta que estén bien doradas. Retírelas con una espumadera y colóquelas sobre una rejilla. Antes de servir, espolvoréelas con el azúcar glass y colóquelas en una fuente.

Tiempo de realización: 40 minutos   Calorías por ración: 374

Cesta de sandía

Ingredientes para 6 personas:

1 sandía no muy grande
2 melocotones (duraznos)
2 plátanos (bananos, cambures)
2 kiwis
200 g de uvas negras o rojas
50 g de azúcar
El zumo (jugo) de 1 naranja
El zumo (jugo) de 1 limón
2 o 3 copas de cava (champagne)

Corte la sandía dándole forma de cesta, con o sin asa. Extraiga la pulpa con una cuchara normal o con una en forma de bola, quite las semillas y vierta la pulpa en una ensaladera grande.

A continuación, pele y trocee todas las frutas excepto las uvas. Quite las pepitas de estas últimas y vierta todas en la ensaladera.

Seguidamente, disuelva el azúcar en 3 cucharadas de agua y haga un almíbar en un cacito al fuego. Viértalo sobre las frutas, rocíelas con los zumos de naranja y de limón, agregue el cava y mezcle todo bien. Déjelas macerar durante 1 hora o hasta el momento de servir.

Por último, llene la cáscara de sandía con la ensalada de frutas preparada y sírvala.

Puede aromatizar las frutas con ron u otro licor al gusto.

Tiempo de realización: 20 minutos   Calorías por ración: 152

Copa helada

Ingredientes para 4 personas:
500 ml de leche
4 yemas
100 g de azúcar
50 g de pasas sultanas
125 ml de vino de Málaga

Para la terminación:
100 ml de vino de Málaga
1/2 cucharadita de maicena (fécula de maíz)

Vierta le leche en una cacerola al fuego y lleve a ebullición. Ponga en un cuenco las yemas y el azúcar, trabaje con una batidora, hasta obtener una mezcla homogénea y agréguele la leche hirviendo, poco a poco, removiendo continuamente con una cuchara.

Vierta la mezcla en un cazo, póngalo al baño María y cocine la crema, a fuego lento, sin que llegue a hervir, hasta que comience a espesarse y forme un velo en la cuchara. Retire el cazo del fuego, vierta la crema en un cuenco, pasándola a través de un colador, y déjela enfriar completamente, removiéndola con frecuencia.

Mientras tanto, ponga en remojo las pasas en un cuenco con el vino. Vierta la mezcla fría en la heladora y programe según el tiempo indicado en las instrucciones. Unos segundos antes de finalizar su elaboración, incorpore las pasas con el vino de la maceración.

Prepare la terminación: vierta en un cazo el vino de Málaga y agregue la maicena previamente diluida en 1 cucharada de agua. Ponga el cazo al fuego, lleve a ebullición, y cocine hasta que la salsa adquiera una consistencia espesa y transparente.

Por último, distribuya el helado en copas individuales, vierta por encima la salsa al vino de Málaga y sírvalo, si lo desea, con barquillos.

Tiempo de realización: 30 minutos   Calorías por ración: 292

Ponche de Navidad

Ingredientes para 10 personas:

- ✓ 6 huevos separadas las yemas de las claras
- ✓ 1 taza de azúcar
- ✓ 1 vaso grande de brandy (cognac) o whisky
- ✓ 1 vaso grande de ron
- ✓ 6 tazas de nata montada (crema de leche batida)
- ✓ 1/2 taza de azúcar glass (glasé, impalpable)

1

Bata las yemas de huevo hasta que estén blanquecinas y espumosas. Añada el azúcar **(1)** y siga batiendo hasta que se disuelva.

A continuación, agrégueles el brandy y el ron **(2)** y continúe batiendo hasta que estén bien integrados.

2

Seguidamente, bata las claras a punto de nieve fuerte. Haga 2 partes y, a una de ellas, incorpórele la nata con mucho cuidado y movimientos envolventes. A las claras restantes, agrégueles el azúcar glass, batiendo bien para que el merengue quede muy duro.

3

Por último, incorpore a las yemas las claras mezcladas con la nata **(3)** y, cuando estén bien amalgamadas, agrégueles las claras con azúcar. Vierta el ponche en una fuente, decórelo al gusto y sírvalo.

Tiempo de realización: 25 minutos	Calorías por ración: 293

Suflé de mandarina

Ingredientes para 10 personas:
5 yemas de huevo
1 1/2 tazas de azúcar
5 cucharadas de zumo (jugo) de limón
3 tazas de zumo (jugo) de mandarina (tanjarina)
1 cucharada de ralladura de mandarina (tanjarina)
1/2 cucharadita de ralladura de limón
3 sobres de gelatina sin sabor
1 pizca de sal
1 1/2 tazas de mandarinas (tanjarinas) picadas
1 1/2 tazas de nata montada (crema de leche batida) muy fría
1 1/2 tazas de nata (crema de leche) líquida
3 claras de huevo
5 cucharadas de azúcar
1/2 taza de almendras picadas
Unos gajos de mandarina (tanjarina) pelados

Bata las yemas con la batidora hasta que adquieran un color limón claro. Agregue el azúcar y continúe batiendo hasta que la mezcla espese.

A continuación, caliente el zumo de limón y 1 1/2 tazas del zumo de mandarina e incorpórelos a las yemas. Sin dejar de batir, agregue las ralladuras de mandarina y limón hasta que todo el preparado esté bien espeso.

Ponga en un recipiente la gelatina y la sal junto con el zumo de mandarina restante y caliéntelo hasta que la gelatina se derrita. Déjela enfriar y añádala a la mezcla de yemas. Introduzca el preparado en el frigorífico hasta que empiece a cuajarse e incorpórele las mandarinas picadas.

Seguidamente, bata juntas la nata montada y la líquida hasta que estén espesas e incorpórelas al preparado del frigorífico, con movimientos envolventes. Bata las claras a punto de nieve, agrégueles el azúcar y continúe batiendo hasta que estén brillantes. Añádalas al preparado anterior con movimientos envolventes.

Por último, engrase un molde para suflé y cubra la orilla con un collar de papel encerado. Vierta el suflé en el molde y déjelo en el frigorífico durante 6 horas como mínimo. Antes de servir el postre, retire el papel y decore el suflé con las almendras picadas y los gajos de mandarina.

Tiempo de realización: 30 minutos   Calorías por ración: 279

Piña rellena

Ingredientes para 4 personas:
2 piñas (ananás) pequeñas
100 g de arroz
750 ml de leche
150 g de azúcar
Unas gotas de esencia de vainilla
150 g de nata montada (crema de leche batida)

Para la decoración:
Cerezas (guindas) en almíbar

Ponga el arroz en una olla, añádale la leche y déjelo reposar durante 1 hora.

A continuación, ponga la olla al fuego y cocine hasta que el arroz esté tierno. Agréguele el azúcar y la esencia de vainilla, revuelva todo bien y déjelo enfriar.

Seguidamente, parta las piñas por la mitad en sentido longitudinal. Extraiga la pulpa, deseche el tronco central y corte la pulpa en dados. Añádalos al arroz junto con la nata y mezcle todo bien.

Por último, rellene con el preparado las mitades vacías de las piñas y decórelas con cerezas o al gusto.

Puede espolvorear las piñas con canela en polvo, antes de servir.

Tiempo de realización: 30 minutos   Calorías por ración: 650

Cocinar con rapidez

La preparación de un delicioso plato después de un fatigoso día no es cosa de magia, es posible hacerlo con la ayuda de los métodos actuales con que cuenta la cocina moderna.

Este libro nos muestra cómo se puede preparar una amplia variedad de platos en poco tiempo, utilizando básicamente alimentos frescos. Lo más importante es aprovechar al máximo el tiempo. Cuando tenga media hora libre, utilícela para hacer una salsa y congélela en botes pequeños.

Pique cebollas para dos o tres días, ralle restos de queso o prepare una buena cantidad de arroz. Todo esto puede guardarlo en el frigorífico 2 o 3 días y en el caso del queso, aún más tiempo.

Los platos con sabores fuertes y característicos como los guisos resultan mejores si se preparan de un día para otro, de manera que si tiene tiempo la noche anterior, elija para la comida del día siguiente una de estas características. Tape herméticamente los platos ya preparados, pues los sabores picantes, como el de los guisos con curry, se propagan rápidamente a otros alimentos que haya en el refrigerador. Puede congelar los guisos, principalmente los preparados a la cazuela, que se conservan muy bien y merece la pena preparar grandes cantidades cuando tenga un poco de tiempo libre, una parte para consumir de inmediato y el resto para congelar y utilizarlo posteriormente.

PREPARACIÓN Y COCINADO RÁPIDO DE ALIMENTOS

La forma de preparar los alimentos antes de cocinarlos puede ahorrarle mucho tiempo en la cocina. Pique las verduras como la cebolla tan finamente como sea posible, empleando para ello los utensilios modernos que existen o un cuchillo bien afilado; también le puede resultar más sencillo utilizar un rallador grueso.

Una guarnición de verduras puede tardar tanto tiempo en hacerse como un plato principal. Este tiempo puede reducirse si cortan las verduras en trozos muy pequeños.

Corte las patatas en cubitos antes de hervirlas y haga lo mismo con la zanahoria y otros tipos de verduras de raíz; separe la coliflor en ramilletes pequeños y cuando se trate de cortar verduras en rebanadas, como los calabacines, utilice uno de los aparatos especiales que hay para ello.

Otra fórmula, si está guisando un plato principal en una cazuela sobre el fuego, consiste en poner las verduras congeladas en un colador de metal y colgarlo dentro de la cazuela por encima de la otra receta, para que se vayan cociendo al vapor. Las verduras congeladas, cocinadas de esta manera, tienen

mejor textura y además ahorrará energía.

Haga buen uso de todos los aparatos de los que disponga para ahorrar tiempo en la preparación de los alimentos, tales como robots de cocina, batidora, olla a presión, horno de microondas, freidora eléctrica y cazuelas de fondo grueso, las cuales cuecen los alimentos a una temperatura controlada, y puede realizar otras tareas o salir mientras, de manera que la comida estará lista al regresar a casa.

Para preparar una comida con rapidez, existen diversos artículos que serán de gran utilidad. Revise su despensa, súrtala y tendrá siempre a mano lo necesario para hacer una comida sabrosa y nutritiva en poco tiempo.

Todos los platos de este libro le ayudarán a ahorrar tiempo en la cocina y las normas que damos a continuación le ahorrarán aún más tiempo cuando los esté cocinando.

• Utilice la batidora para hacer salsas y sopas rápidamente: licúe los sobrantes de verduras como base para una sopa; bata el queso rallado, los champiñones y la mayonesa juntos, poniendo las cantidades al gusto, para hacer una salsa que acompañe los platos de pescado o de pollo.

• Las salsas preparadas se pueden guardar en el frigorífico durante 4 días en frascos de cristal con tapas de rosca.

LISTA DE LOS ARTÍCULOS QUE DEBE HABER EN SU DESPENSA, SU FRIGORÍFICO Y SU CONGELADOR

LATAS
Crema
Flan, natillas
Frutas
Leche evaporada
Paté
Pescado (atún, sardinas, etc.)
Pimientos
Sopas (incluyendo consomé)
Tomate

PAQUETES
Alimentos confitados secos
Arroz
Fécula de maíz
Galletas (dulces, saladas)
Harinas
Pastas italianas
Soletillas

REFRIGERADOR
Crema
Jamón
Mantequilla
Queso fresco
Tocino
Yogur

FRASCOS
Frutas
Jaleas
Legumbres
Mayonesa
Mermeladas
Miel
Mostaza

VARIOS
Curry en polvo
Frutas secas
Gelatina
Leche en polvo
Pan rallado
Queso parmesano
Tomate concentrado
Zumos concentrados de
    limón o naranja

CONGELADOR
Helado
Huesos
Pasta de hojaldre
Platos cocinados
Verduras (maíz dulce, etc.)
Volovanes preparados

• Pique o ralle los ingredientes muy finos; las verduras y las hortalizas finamente picadas se preparan muy rápido al igual que las carnes picadas o los pescados desmenuzados.

• Guisar en un recipiente grande, poco profundo, es más rápido que utilizar uno muy hondo.

• Mantenga a su alcance los utensilios de cocina que utilice con más frecuencia, no los tenga en el fondo de la alacena.

• Cocinar encima del fuego es generalmente más rápido. Si ha encendido el horno para cocinar un plato principal, aproveche para hacer al mismo tiempo las verduras, utilizando moldes de papel de aluminio.

• Cuando utilice un artículo de su despensa o agote un ingrediente de uso frecuente, tome nota y repóngalo.

Las mejores recetas

Nidos de cintas

Ingredientes para 4 personas:
200 g de cintas (tallarines) a las espinacas
200 g de cintas (tallarines) al huevo
4 cucharadas de aceite
1 cebolla picada
150 g de carne de vaca (res) picada
1 zanahoria cortada en tiras finas
200 g de setas (hongos) picadas
2 cucharadas de vino tinto
250 g de tomate (jitomate) frito
50 g de queso parmesano, rallado
Sal

Cocine las pastas por separado en abundante agua hirviendo con sal y 1 cucharadita de aceite hasta que estén "al dente".

Mientras tanto, caliente el aceite en una sartén y rehogue la cebolla y la carne durante 5 minutos. Agregue la zanahoria y las setas y fría todo junto 2 o 3 minutos más. Incorpore el vino, revuelva todo bien, añada el tomate frito y rehogue todo junto un par de minutos. Sálelo y apártelo del fuego.

A continuación, escurra las pastas y repártalas en 4 platos, formando nidos de diferentes colores.

Por último, reparta el relleno poniéndolo en el centro de los nidos y sírvalos inmediatamente, con el queso en un cuenco aparte.

Si desea que la pasta adquiera un agradable sabor aromático, añada laurel, tomillo, orégano u otra hierba al gusto al agua de la cocción.

Tiempo de realización: 15 minutos   Calorías por ración: 399

Tortilla con jamón

Ingredientes para 4 personas:
350 g de patatas (papas) cortadas en cuadraditos
Aceite para freír
50 g de jamón serrano, picado
4 huevos
1 cucharada de perejil picado
4 lonchas de jamón serrano
1 lata pequeña de guisantes (arvejas, chícharos)
2 cucharadas de salsa de soja
Sal y pimienta

Caliente aceite en una sartén al fuego y rehogue durante unos segundos el jamón picado. Retírelo con una espumadera y resérvelo.

A continuación, sazone ligeramente las patatas y fríalas a fuego medio, removiéndolas frecuentemente, hasta que estén doradas. Retírelas de la sartén con una espumadera y déjelas escurrir bien.

Seguidamente, bata los huevos con sal, de uno en uno, hasta que estén espumosos. Caliente una sartén mediana antiadherente y cuaje 4 tortillas finitas. Resérvelas.

Por último, mezcle las patatas con el jamón rehogado, el perejil y los guisantes. Coloque las tortillas en 4 platos calientes, ponga sobre ellas las lonchas de jamón y reparta las patatas en el centro. Doble las tortillas y rocíe la salsa de soja sobre ellas. Sírvalas con ensalada.

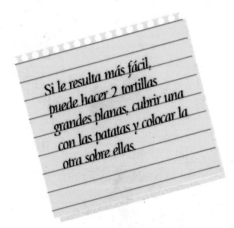

Si le resulta más fácil, puede hacer 2 tortillas grandes planas, cubrir una con las patatas y colocar la otra sobre ellas.

Tiempo de realización: 15 minutos   Calorías por ración: 409

Guacamole

Ingredientes para 6 personas:
- ✓ 2 aguacates grandes
- ✓ El zumo (jugo) de 2 limones
- ✓ 1 tomate (jitomate) pelado y picado
- ✓ 2 guindillas (ajíes, chiles serranos) frescas, picadas
- ✓ 2 ramitas de cilantro (coriandro, culantro) fresco, picado
- ✓ 1 cebolla muy picada
- ✓ Sal

Corte los aguacates por la mitad, retire los huesos y vierta toda la pulpa en un recipiente de barro o de cristal.

A continuación, machaque la pulpa con un mazo (**1**) y agregue el zumo de limón para que no se ennegrezca.

Seguidamente, incorpore el tomate y las guindillas (**2**), mézclelos bien, añada el cilantro y la cebolla picada (**3**), sazónelo y revuelva todo bien.

Por último, reparta el guacamole en cuencos individuales y sírvalo con tortillas de maíz o al gusto.

Tiempo de realización: 10 minutos   Calorías por ración: 133

Barquitas de manzana y anchoa

Ingredientes para 4 personas:
8 endibias grandes
2 manzanas verdes
200 g de queso Emmenthal
1 taza de mayonesa
1/2 yogur natural, desnatado
El zumo (jugo) de 1 limón
1 lata pequeña de filetes de anchoa

Separe las hojas de las endibias, dejando los corazones cuando las hojas empiecen a ser pequeñas. Lave las hojas y séquelas bien.

A continuación, pele las manzanas, quíteles los corazones y píquelas. Pique el queso y vierta ambos ingredientes en un cuenco grande.

Seguidamente, lave los corazones de las endibias, séquelos y píquelos. Agréguelos al cuenco con las manzanas y el queso. Incorpore la mayonesa aclarada con el yogur y mezcle todo bien. Rocíelo con el zumo de limón, cúbralo con las hojas de endibias y resérvelo en el frigorífico hasta el momento de servir.

Por último, reparta el relleno en las hojas de las endibias, colóquelas en una fuente y reparta sobre la superficie de las barquitas los filetes de anchoas.

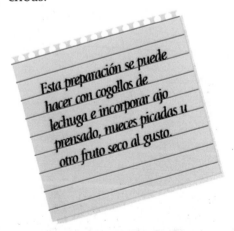

Esta preparación se puede hacer con cogollos de lechuga e incorporar ajo prensado, nueces picadas u otro fruto seco al gusto.

Tiempo de realización: 15 minutos   Calorías por ración: 619

Crudités con salsa de cebolla

Ingredientes para 4 personas:
3 zanahorias medianas
1 manojito de apio (celeri)
1 pepino (cohombro) mediano
1 manojito de rabanitos
16-20 tomatitos (jitomates) de jardín

Para la salsa:
2 yogures naturales
1 cucharada colmada de preparado de sopa de cebolla
1 cucharadita de perejil picado

Limpie las zanahorias y córtelas en bastoncitos. Retire las hebras del apio y córtelo en bastoncitos similares. Pele y corte el pepino de igual forma. Lave los rabanitos y hágales unos cortes profundos, cruzados. Lave los tomatitos.

A continuación, vierta los yogures en un cuenco, agrégueles el preparado de cebolla y mezcle muy bien. Incorpore el perejil y mezcle todo de nuevo.

Por último, coloque las verduras por grupos en una fuente de servir o repártalas en platos individuales. Coloque la salsa en el centro de la fuente y sirva.

En lugar de preparado de sopa de cebolla puede utilizar preparado de sopa de champiñón. También puede añadir a las verduras champiñones fileteados, ramitos de coliflor, etc.

Tiempo de realización: 15 minutos   Calorías por ración: 101

Pasta con sardinas

Ingredientes para 4 personas:
300 g de pasta (espirales, macarrones, lazos, etc.)
2 latas de sardinas en aceite
2 cucharadas de aceite
2 dientes de ajo picados
1 trozo de guindilla (ají), opcional
250 g de tomate (jitomate) frito
2 cucharadas de vino blanco
1 cucharada de perejil picado
100 g de aceitunas (olivas) negras
Sal

Cocine la pasta en abundante agua hirviendo con sal, hasta que esté "al dente".

Mientras tanto, caliente el aceite en una sartén junto con el aceite de las sardinas, y fría los ajos hasta que estén ligeramente dorados. Agregue la guindilla, si la utiliza, el tomate frito, el vino y el perejil. Cocine todo junto durante 5 minutos.

A continuación, abra las sardinas por la mitad y quíteles la espina central.

Seguidamente, cuando la pasta esté en su punto, escúrrala bien y vierta la salsa preparada sobre ella. Revuelva todo bien.

Por último, reparta la pasta en 4 platos, coloque sobre ella las sardinas y las aceitunas y sirva de inmediato.

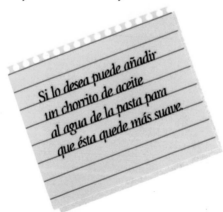

Si lo desea puede añadir un chorrito de aceite al agua de la pasta para que ésta quede más suave.

Tiempo de realización: 15 minutos   Calorías por ración: 366

Ensalada de judías

Ingredientes para 4 personas:

✓ 1 bote de 500 g de judías (alubias, caraotas, frijoles) blancas
✓ 1 pimiento (pimentón) rojo
✓ 1 pimiento (pimentón) verde
✓ 2 huevos cocidos
✓ 1 cebolleta (cebolla larga) picada
✓ 1 cucharada de perejil picado
✓ 5 cucharadas de aceite
✓ 2 cucharadas de vinagre
✓ 1 tacita de caldo (puede ser de cubito)
✓ Sal y pimienta

1

Ponga las judías en un colador, páselas por un chorro de agua fría y déjelas escurrir (1).

A continuación, retire los tallos y las semillas de los pimientos y píquelos finamente (2). Pique uno de los huevos y corte el otro en rodajas, reservándolas.

2

Seguidamente, vierta en un recipiente los pimientos junto con la cebolleta, el perejil, el huevo picado, el aceite, el vinagre, el caldo y sal y pimienta y mezcle todo bien.

Por último, coloque las judías en una ensaladera, cúbralas con la vinagreta preparada (3), mezcle todo con cuidado y decore la ensalada con las rodajas de huevo.

3

| Tiempo de realización: 15 minutos | Calorías por ración: 509 |

Tostas de morcilla

Ingredientes para 4 personas:
2 morcillas (morangas) de cebolla
2 cucharadas de pasas de Corinto
1 cucharada de piñones
4 rebanadas de pan de molde (de caja) o pan de barra
6 huevos
4 tomates (jitomates) de jardín
Sal

Abra las morcillas cortando la piel y extraiga el relleno, desmenuzándolo bien.

A continuación, caliente una sartén al fuego y agregue la morcilla, removiéndola con una cuchara de madera hasta que suelte la grasa y esté caliente. Incorpórele las pasas y los piñones, revuelva todo bien y retire la sartén del fuego.

Mientras tanto, tueste el pan en el gratinador del horno.

Seguidamente, bata los huevos y sálelos ligeramente. Incorpóreles la morcilla preparada y mezcle todo bien.

Por último, caliente una sartén antiadherente y vierta en ella la mezcla preparada. Cocine todo a fuego lento, sin dejar de revolver, hasta que los huevos se cuajen pero cuidando que queden jugosos. Reparta la mezcla sobre las tostadas y sírvalas decoradas con los tomates.

Si lo desea puede utilizar pan tipo biscotes para que las tostas resulten crujientes.

Tiempo de realización: 15 minutos	Calorías por ración: 456

Ensalada de fiesta

Ingredientes para 4 personas:

1/4 de escarola verde
1/4 de escarola roja
2-3 hojas de achicoria
Unas hojas de berros
1 tomate (jitomate)
16 langostinos cocidos
2 cucharadas de nueces picadas
6 cucharadas de aceite
2 cucharadas de vinagre
1 cucharadita de hierbabuena picada
1 aguacate
8 huevos de codorniz cocidos
Sal

Lave todas las verduras y déjelas escurrir. Pique el tomate en cuadraditos y pele los langostinos.

A continuación, ponga en un cuenco las nueces junto con el aceite, el vinagre, la hierbabuena y sal, y mezcle todo bien.

Seguidamente, pele el aguacate, retire el hueso y córtelo en gajos finos.

Por último, monte la ensalada. Reparta el aguacate en 4 platos y haga lo mismo con las verduras restantes. Ponga un montoncito de tomate en cada plato y coloque de forma decorativa los huevos de codorniz cortados por la mitad y los langostinos. Rocíe todo con la salsa preparada y sírvalo.

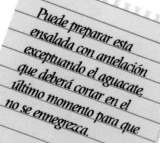

Puede preparar esta ensalada con antelación exceptuando el aguacate, que deberá cortar en el último momento para que no se ennegrezca.

Tiempo de realización: 15 minutos   Calorías por ración: 354

Ataditos de espárragos

Ingredientes para 4 personas:
24 espárragos verdes (pueden ser congelados)
8 lonchas finas de bacon (tocineta ahumada)

Para la salsa:
2 yogures naturales
2 cucharadas de mostaza francesa
El zumo (jugo) de 1/2 limón
1 cucharada de perejil picado
8 o 10 aceitunas (olivas) verdes picadas
1 cucharada de alcaparras picadas
1/2 cucharadita de azúcar
Sal

Lave los espárragos, córteles la parte dura y póngalos a cocer durante 5 minutos en una cacerola con agua hirviendo con sal.

A continuación, escúrralos y haga grupitos de 3 o 4 espárragos, dependiendo del grosor.

Seguidamente, extienda las lonchas de bacon sobre una superficie plana, ponga encima un grupito de espárragos, forme los ataditos y sujételos con un palillo. Áselos en la plancha bien caliente, hasta que el bacon esté crujiente y dorado.

Por último, mezcle todos los ingredientes de la salsa y sírvala con los ataditos en salsera aparte.

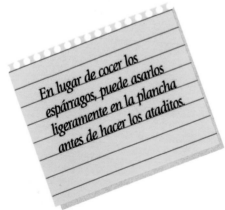

En lugar de cocer los espárragos, puede asarlos ligeramente en la plancha antes de hacer los ataditos.

Tiempo de realización: 15 minutos   Calorías por ración: 231

Gazpacho de judías verdes

Ingredientes para 4 personas:
500 g de judías verdes (ejotes, habichuelas)
2 dientes de ajo
5 cucharadas de aceite
1/2 ventresca de bonito (atún, tuna)
1 tomate (jitomate) mediano, cortado en cuadraditos
Sal

Corte las puntas de las judías, quite las hebras de los lados, lávelas bien y trocéelas.

A continuación, caliente abundante agua en una cacerola y cuando comience a hervir, añada las judías, sálelas y cocínelas durante 10 minutos. Cuélelas reservando una taza del caldo y refrésquelas bajo un chorro de agua fría.

Seguidamente, vierta las judías y el caldo reservado en una batidora potente. Agregue los ajos pelados y escaldados y el aceite y bata todo hasta obtener una crema homogénea. Pásela por un chino o pasapurés y resérvela en el frigorífico.

Lave la ventresca, séquela, sazónela y cocínela en el horno, precalentado a 205° C (400° F), durante 8 o 10 minutos. Retírela del horno y, antes de que se enfríe, separe la lascas con cuidado.

Por último, reparta la crema en platos o cuencos individuales, coloque las lascas de ventresca por la superficie y decore con el tomate picado.

Tiempo de realización: 25 minutos   Calorías por ración: 293

Barquitas de pepino

Ingredientes para 4 personas:

✓ *4 pepinos (cohombro) pequeños*
✓ *3 huevos cocidos*
✓ *2 cucharadas de aceite*
✓ *1 lata de 180 g de bonito (atún, tuna) en aceite*
✓ *1 cebolleta (cebolla larga) picada*
✓ *4 anchoas en aceite, picadas*
✓ *1 cucharada de mostaza*
✓ *Vinagre al gusto*
✓ *1 cucharadita de perejil picado*
✓ *Sal y pimienta*

1

Retire las yemas de 2 huevos y pique las claras con un tenedor **(1)**. Corte el otro huevo en rodajas y ponga las yemas reservadas en un cuenco.

A continuación, pele los pepinos, córtelos por la mitad en sentido longitudinal y retíreles todas las pipas **(2)**. Sálelos ligeramente y úntelos con el aceite.

2

Seguidamente, escurra el bonito reservando el aceite, desmenúcelo y viértalo en un cuenco. Agréguele la cebolleta, las claras picadas y las anchoas y mezcle todo bien. Machaque las yemas reservadas y añádales la mostaza, el aceite del bonito, vinagre al gusto, sal y pimienta.

Por último, vierta esta mezcla sobre el preparado de bonito, revuelva todo bien y rellene las barquitas de pepino **(3)**. Espolvoree por encima el perejil y decore con el huevo reservado y unas anchoas o al gusto.

3

Tiempo de realización: 15 minutos	Calorías por ración: 294

Mejillones al estragón

Ingredientes para 4 personas:
1 1/2 kg de mejillones (choros, moule)
1 copa de vino blanco
Unas hojas de estragón fresco
2 cucharadas de aceite
1 cebolla pequeña, picada
1 diente de ajo picado
1 trozo de guindilla (ají)
1 cucharada de harina
Unas hebras de azafrán (achiote, color)
Sal y pimienta

Limpie bien los mejillones y póngalos en una cacerola al fuego. Agregue el vino y el estragón, tape la cacerola y cocínelos hasta que se abran. Retire los mejillones, deseche una de las valvas y colóquelos en una fuente, manteniéndolos calientes. Cuele el caldo y resérvelo.

A continuación, caliente el aceite en una sartén y rehogue la cebolla, el ajo y la guindilla, durante unos minutos.

Seguidamente, incorpore la harina y el azafrán, revuelva y rocíe todo con el caldo de los mejillones reservado. Sazone con sal y pimienta y cocine la salsa hasta que ligue.

Por último, cubra los mejillones con la salsa preparada y sírvalos inmediatamente.

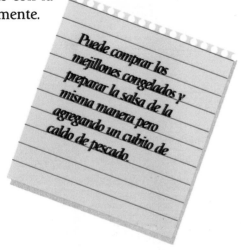

Puede comprar los mejillones congelados y preparar la salsa de la misma manera pero agregando un cubito de caldo de pescado.

Tiempo de realización: 20 minutos   Calorías por ración: 182

Merluza en papillote

Ingredientes para 4 personas:

4 trozos de lomo de merluza (corvina) sin piel ni espinas
3 zanahorias
2 cucharadas de mantequilla
3 puerros (poros) medianos, cortados en rodajas
Unas hojitas de estragón fresco, picado
Unas hojas de perejil fresco, picado
1 copa de vino blanco
Sal y pimienta

Lave el pescado y séquelo con papel absorbente. Resérvelo.

A continuación, raspe la piel de las zanahorias y córtelas, la mitad en juliana y la otra mitad en rodajas. Cocínelas en agua hirviendo con sal, durante 5 minutos. Escúrralas.

Mientras tanto, caliente la mantequilla en una sartén y rehogue los puerros durante 2 o 3 minutos.

Seguidamente, corte 4 trozos de papel de aluminio y colóquelos sobre la mesa. Reparta la mitad de las zanahorias y de los puerros en ellos y coloque el pescado encima. Sazónelo con sal y pimienta, cúbralo con las zanahorias y los puerros restantes y espolvoree por encima las hierbas picadas. Rocíelos con la mantequilla sobrante de los puerros y el vino y cierre los paquetes.

Por último, colóquelos en una bandeja e introdúzcalos en el horno, precalentado a 205° C (400° F), durante 10 o 12 minutos. Retírelos del horno, coloque los paquetes en los platos, ábralos y sírvalos.

Tiempo de realización: 20 minutos	Calorías por ración: 202

Salmonetes a la mediterránea

Ingredientes para 4 personas:
4 salmonetes grandes u 8 medianos
1 cebolla grande
2 pimientos (pimentones) verdes, grandes
6 cucharadas de aceite
2 cucharadas de piñones
100 g de aceitunas (olivas) negras, deshuesadas
Sal

Limpie muy bien los salmonetes, lávelos y séquelos.

A continuación, pele la cebolla e introdúzcala en el horno, precalentado a 180º C (350º F), junto con los pimientos. Ase ambos ingredientes durante unos minutos. Retírelos del horno, pele los pimientos y córtelos en tiras. Corte la cebolla en rodajas o tiras.

Seguidamente, unte los salmonetes con aceite, sazónelos y áselos en una parrilla bien caliente.

Mientras tanto, caliente el aceite restante y rehogue los pimientos junto con la cebolla.

Por último, coloque los salmonetes en los platos, rodéelos con los pimientos y la cebolla y ponga por encima los piñones y las aceitunas cortadas en rodajas.

Si tiene oportunidad, utilice pimientos rojos, verdes y amarillos. De esta forma el aspecto del plato será mucho más atractivo.

Tiempo de realización: 30 minutos   Calorías por ración: 399

Brochetas de salmón

Ingredientes para 4 personas:
750 g de salmón fresco, sin piel ni espinas
El zumo (jugo) de 1/2 limón
350 g de pimientos de Padrón (pimentones pequeños y picantes)
3 cucharadas de aceite
Sal y pimienta

Lave el salmón, séquelo con papel absorbente y córtelo en dados más o menos del mismo tamaño. Rocíelos con el zumo de limón y resérvelos.

A continuación, saltee los pimientos durante 5 minutos.

Seguidamente, ensarte el salmón y los pimientos en brochetas, alternándolos.

Por último, caliente una plancha y ase ligeramente las brochetas, sazónelas con sal y pimienta, úntelas con el aceite y termine de cocinarlas.

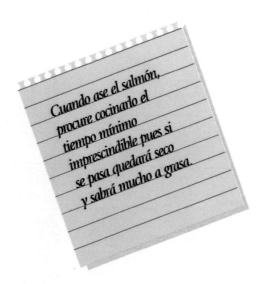

Cuando ase el salmón, procure cocinarlo el tiempo mínimo imprescindible pues si se pasa quedará seco y sabrá mucho a grasa.

Tiempo de realización: 15 minutos   Calorías por ración: 376

Langostinos aromáticos

Ingredientes para 4 personas:
- ✓ 1 kg de langostinos
- ✓ 1 copa de ron
- ✓ 4 cucharadas de miel
- ✓ 1/4 cucharadita de jengibre
- ✓ Perejil fresco
- ✓ Sal

Pele los langostinos, límpielos bien y déjeles la punta de la cola (1). Colóquelos en un recipiente, en una sola capa.

A continuación, vierta en un cuenco el ron junto con la miel, el jengibre y un poquito de sal.

Seguidamente, bata bien la mezcla y viértala sobre los langostinos (2). Déjelos macerar en el frigorífico durante 2 horas.

Por último, caliente al fuego una plancha o sartén y ase los langostinos, untándolos con la marinada restante (3). Sírvalos espolvoreados con perejil picado y acompañados con arroz blanco o al gusto.

1

2

3

Tiempo de realización: 30 minutos   Calorías por ración: 331

Atún con salmorejo

Ingredientes para 4 personas:
4 filetes de atún (bonito, tuna) de 2 cm de grosor
3 tomates (jitomates) muy rojos
1 diente de ajo troceado
30 g de pan del día anterior, remojado en agua
5 cucharadas de aceite
1 cucharada de vinagre
Sal

Prepare el salmorejo. Trocee los tomates y viértalos en la batidora junto con el ajo, el pan remojado, 4 cucharadas de aceite, el vinagre y sal. Bata todo hasta obtener una salsa homogénea, pásela por un chino o pasapurés y resérvela.

A continuación, lave y seque el atún. Engrase una parrilla con el aceite restante, sazone el atún y áselo por ambos lados.

Por último, sirva el atún colocando los filetes sobre la base de salmorejo y decórelos al gusto.

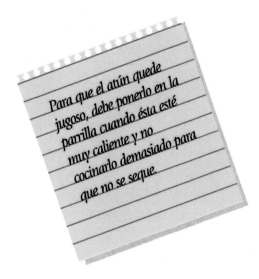

Para que el atún quede jugoso, debe ponerlo en la parrilla cuando ésta esté muy caliente y no cocinarlo demasiado para que no se seque.

Tiempo de realización: 15 minutos   Calorías por ración: 443

Tartar de ahumados

Ingredientes para 4 personas:

250 g de salmón ahumado, cortado en lonchas finas
150 g de esturión ahumado
150 g de trucha ahumada
El zumo (jugo) de 1 limón
1 cucharada de vino de Jerez
1 cucharadita de perejil picado
1 cucharadita de cebollino (chives) picado
3 cucharadas de aceite
1 cebolleta (cebolla larga) muy picada
Sal y pimienta

Pique el esturión y la trucha en trocitos muy pequeños sobre una tabla con un cuchillo muy afilado y colóquelos en un cuenco.

A continuación, agrégueles el zumo de limón, el vino, el perejil, el cebollino, el aceite y la cebolleta. Condiméntelos ligeramente con pimienta, mezcle todo bien y resérvelos en el frigorífico hasta la hora de servir.

Por último, forme los paquetitos con las lonchas de salmón ahumado, coloque en su interior el preparado anterior y decore los platos al gusto.

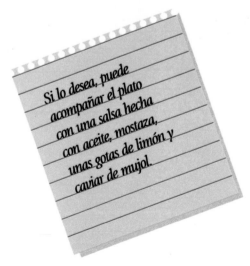

Si lo desea, puede acompañar el plato con una salsa hecha con aceite, mostaza, unas gotas de limón y caviar de mujol.

Tiempo de realización: 15 minutos   Calorías por ración: 355

Truchas a la griega

Ingredientes para 4 personas:
4 truchas de ración
3 tomates (jitomates) rojos pero firmes
3 cucharadas de aceite
2 dientes de ajo picados
1 cucharadita de tomillo picado
1 cucharadita de perejil picado
10 o 12 aceitunas (olivas) negras, picadas
Sal y pimienta

Limpie muy bien las truchas, lávelas y séquelas. Con un cuchillo bien afilado, hágales un corte a lo largo del lomo, extraiga la espina central y resérvelas.

A continuación, escalde los tomates en agua hirviendo, refrésquelos, pélelos y córtelos en cuadraditos.

Seguidamente, caliente el aceite en una sartén y dore los ajos. Agregue los tomates y saltéelos a fuego fuerte durante un par de minutos. Retire la sartén del fuego, escurra bien los tomates, reservando el líquido que hayan soltado, y agrégueles el tomillo, el perejil y las aceitunas negras. Sazónelos con sal y pimienta y mezcle todo bien.

Por último, sazone las truchas, rellénelas con el preparado anterior y colóquelas en una fuente refractaria. Rocíelas con el jugo reservado de los tomates e introduzca la fuente en el horno, precalentado a 205° C (400° F), durante 15 minutos. Sírvalas bien calientes.

Tiempo de realización: 20 minutos   Calorías por ración: 246

Salmón en salsa verde

Ingredientes para 4 personas:

500 g de salmón en lomos, sin espina
3 cucharadas de aceite
3 dientes de ajo picados
1 cucharada de perejil fresco, picado
1 copa de vino blanco, seco
200 g de almejas (pepitonas) o chirlas
1 cucharada de maicena (fécula de maíz)
1 lata de puntas de espárragos
Sal

Caliente el aceite en una cacerola y rehogue ligeramente los ajos sin que lleguen a dorarse. Incorpóreles el perejil, el vino y las almejas previamente lavadas. Tape la cacerola y cocine todo hasta que las almejas se abran.

A continuación, incorpore la maicena disuelta en un poco de agua y cuando la salsa comience a hervir, agregue el salmón, sazonado. Tape la cacerola y cocine todo durante 5 minutos (el tiempo dependerá del grosor de los lomos).

Por último, añada las puntas de espárragos y cuando todo esté bien caliente, sírvalo de inmediato.

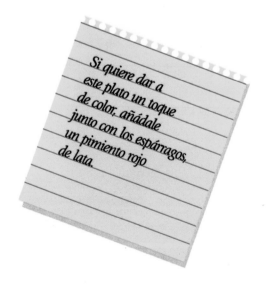

Si quiere dar a este plato un toque de color, añádale junto con los espárragos, un pimiento rojo de lata.

Tiempo de realización: 15 minutos   Calorías por ración: 355

Rollos de jamón

Ingredientes para 4 personas:
- ✓ 8 lonchas de jamón York
- ✓ 2 aguacates maduros
- ✓ El zumo (jugo) de 1 limón
- ✓ 200 g de queso blando de untar
- ✓ 2 cucharadas de nata (crema de leche) líquida
- ✓ 1 escarola
- ✓ 1 granada, desgranada
- ✓ 3 cucharadas de aceite
- ✓ 2 cucharadas de vinagre
- ✓ 2 cucharadas de huevo hilado
- ✓ Sal y pimienta

1

2

Abra los aguacates, retire los huesos y vierta la pulpa en un cuenco grande. Rocíela con el zumo de limón y aplástela con un tenedor hasta hacer una pasta (1).

A continuación, agregue el queso, mezcle bien y sazone con sal y pimienta. Añada la nata y bata todo hasta obtener una crema espesa.

Seguidamente, lave y pique la escarola. Mézclela con la granada (2) y alíñelas con el aceite, el vinagre, sal y pimienta.

Por último, reparta la crema de aguacate entre las lonchas de jamón (3), enróllelas y coloque los rollos sobre la escarola. Decore con el huevo hilado y sirva.

3

Tiempo de realización: 15 minutos   Calorías por ración: 596

Lomo con pimientos

Ingredientes para 4 personas:
4 filetes de lomo (entrecot) de vaca (res) gruesos
1 lata de pimientos (pimentones) del piquillo
2 cucharadas de aceite
1 cucharada de azúcar
Sal gorda

Ponga una plancha al fuego hasta que esté muy caliente.

A continuación, unte ligeramente los filetes con aceite y póngalos sobre la plancha.

Mientras tanto, en una sartén aparte, cocine los pimientos, bien escurridos durante 1 minuto. Déles la vuelta, rocíelos con el aceite restante, espolvoréelos con la mitad del azúcar y un poco de sal y déles de nuevo la vuelta. Espolvoréelos con el azúcar restante y retírelos del fuego.

Seguidamente, cuando la carne esté dorada por un lado, déle la vuelta, sálela y cocínela por el otro lado hasta que esté a su gusto. Sirva el lomo de inmediato junto con los pimientos.

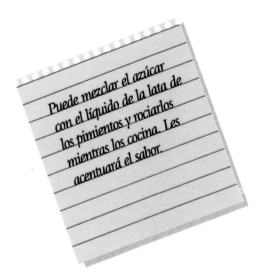

Puede mezclar el azúcar con el líquido de la lata de los pimientos y rociarlos mientras los cocina. Les acentuará el sabor.

Lomos de conejo a las hierbas

Ingredientes para 4 personas:

Los lomos deshuesados de 2 conejos grandes
2 dientes de ajo
Unas ramitas de perejil fresco
1 copa de vino de Jerez
2 cucharadas de salsa de soja
1 cucharadita de romero picado
1 cucharadita de orégano picado
1 cucharadita de tomillo picado
2 cucharadas de aceite
1 cucharada de maicena (fécula de maíz)
1 bote de 500 g de judías (alubias, caraotas, frijoles) blancas
Sal y pimienta

Lave y seque los lomos. Átelos con cuerda de cocina para que no pierdan la forma y resérvelos.

A continuación, machaque los ajos en un mortero junto con el perejil y sal. Cuando consiga una pasta, añada el vino, la salsa de soja, el romero, el orégano y el tomillo. Embadurne los lomos con esta mezcla y déjelos reposar 5 minutos.

Seguidamente, caliente el aceite en una sartén, escurra bien los lomos y dórelos por todos los lados. Agrégueles el líquido del adobo y cocine todo durante 10 minutos. Incorpore la maicena disuelta en un poco de agua, sazone con sal y pimienta y cocine todo hasta que la salsa ligue.

Por último, corte el conejo en medallones, pase la salsa por un colador, rocíela sobre la carne y sírvala acompañada con las judías aliñadas al gusto.

Tiempo de realización: 20 minutos   Calorías por ración: 595

Solomillos al queso

Ingredientes para 4 personas:
4 filetes de solomillo (lomito, solomo) de vaca (res) gruesos
1 cucharada de aceite
2 cucharadas de vino blanco, seco
50 g de queso de Cabrales o cualquier otro queso azul
100 ml de nata (crema de leche) líquida
Sal y pimienta

Caliente el aceite en una sartén al fuego y dore la carne por ambos lados (el tiempo dependerá del punto en que le guste la carne). Retírela, sazónela con sal y pimienta y resérvela en un plato al calor.

A continuación, incorpore el vino a la sartén, revuélvalo con el jugo que haya soltado la carne e incorpore el queso desmenuzado y la nata. Remueva todo con una cuchara de madera hasta obtener una salsa suave y homogénea.

Por último, vierta la salsa sobre la carne y sírvala inmediatamente con guarnición al gusto.

Para que la carne llegue caliente a la mesa, conviene calentar de antemano los platos que vaya a utilizar.

Tiempo de realización: 10 minutos   Calorías por ración: 457

Brochetas de cordero al aguardiente

Ingredientes para 6 personas:
- ✓ 1 kg de carne de cordero (borrego)
- ✓ 2 cebollas
- ✓ 1 copa de vino blanco
- ✓ 1 copa de aguardiente
- ✓ 3 cucharadas de vinagre
- ✓ Tomillo, perejil y orégano frescos, al gusto
- ✓ Sal y pimienta

1

Limpie la carne, córtela en dados regulares **(1)** y colóquelos en un recipiente.

A continuación, pique finamente 1 cebolla y mézclela con todos los ingredientes restantes. Vierta la mezcla sobre la carne **(2)** y déjela reposar durante 1 hora.

2

Seguidamente, corte la cebolla restante en trozos grandes y ensarte las brochetas alternando carne y cebolla **(3)**.

Por último, cocine las brochetas en una plancha caliente, rociándolas frecuentemente con el líquido del adobo, hasta que la carne esté bien dorada. Sírvalas sobre un lecho de arroz blanco, acompañándolas con ensaladada y decorándolas al gusto.

3

Tiempo de realización: 15 minutos	Calorías por ración: 407

Escalopines al limón

Ingredientes para 4 personas:

12 filetes pequeños de cerdo (cochino, chancho), sin grasa
2 limones
2 cucharadas de harina
3 cucharadas de aceite
2 cucharadas de perejil picado
Un chorrito de agua
Sal y pimienta

Pele 1 limón, retirando sólo la piel amarilla y córtela en tiras muy finas. Viértalas en un cazo con un poco de agua y cuézalas durante unos minutos. Cuélelas y resérvelas. Retire la piel blanca al limón pelado y córtelo en rodajas. Exprima el otro limón.

A continuación, sazone los filetes con sal y pimienta, enharínelos ligeramente y fríalos en el aceite caliente. Retírelos y resérvelos.

Seguidamente, deseche la mitad del aceite de la sartén y agregue el zumo de limón a la misma. Incorpore los escalopines, el perejil, las rodajas de limón y el agua y cocine todo junto durante unos minutos.

Por último, agregue las tiritas de limón y sirva el plato decorándolo al gusto.

Solomillos con manzana

Ingredientes para 4 personas:
2 solomillos (lomito, solomo) de cerdo (cochino,
chancho) cortados en medallones gruesos
1 cucharada de aceite
2 manzanas peladas, sin corazón y cortadas en gajos finos
1 cucharada de azúcar
1/2 copa de vino oloroso
Unas gotas de vinagre
1 cucharadita de cebollino (chives) picado
Sal y pimienta

Caliente el aceite en una sartén y dore los medallones por todos los lados, a fuego medio, para que se hagan por dentro. Retírelos de la sartén, sazonelos con sal y pimienta y resérvelos al calor.

A continuación, ponga los gajos de manzana en una sartén antiadherente al fuego, espolvoréelos con el azúcar y dórelos por ambos lados.

Mientras tanto, vierta el vino y el vinagre en la sartén donde frió la carne y cocínelos unos minutos, sin dejar de revolver.

Por último, sirva la carne con las manzanas, rociándola con la salsa de vino y espolvoreada con el cebollino picado.

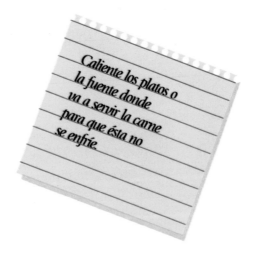

Caliente los platos o la fuente donde va a servir la carne para que ésta no se enfríe.

Tiempo de realización: 15 minutos   Calorías por ración: 529

Conejo a la mostaza

Ingredientes para 4 personas:
1 conejo de 1 1/2 kg troceado
3 cucharadas de mostaza
10 cucharadas de aceite
1 cebolla picada
2 dientes de ajo picados
1 hoja de laurel
2 copas de vino blanco, seco
250 g de champiñones (hongos, setas) pequeños
50 g de pasas de Corinto
50 g de almendras picadas
Sal

Lave los trozos de conejo, séquelos con papel absorbente y úntelos con la mostaza repartiéndola bien. Colóquelos en un recipiente, cúbralos con papel de aluminio y déjelos reposar durante 2 horas.

A continuación, caliente el aceite en una sartén y dore el conejo. Retírelo y vaya colocándolo en una cacerola.

Seguidamente, deseche parte del aceite y en el restante, rehogue la cebolla y los ajos hasta que estén transparentes y viértalos en la cacerola. Incorpore el laurel, un poco de sal y el vino y termine de cubrir el conejo con agua o caldo. Cocínelo a fuego lento durante 20 minutos.

Mientra tanto, limpie los champiñones y lávelos bien.

Por último, incorpórelos a la cacerola junto con las pasas y las almendras y continúe la cocción durante otros 20 minutos o hasta que el conejo esté tierno. Sírvalo bien caliente decorándolo al gusto.

Tiempo de realización: 50 minutos   Calorías por ración: 377

Solomillos de cerdo con aceitunas

Ingredientes para 4 personas:
- ✓ 2 solomillos de cerdo (cochino, chancho)
- ✓ 5 cucharadas de aceite
- ✓ 1 cebolla picada
- ✓ 1 diente de ajo picado
- ✓ 2 chalotas picadas
- ✓ 250 g de tomate (jitomate) triturado
- ✓ 1 pizca de orégano
- ✓ 150 g de aceitunas (olivas) verdes, deshuesadas
- ✓ Sal y pimienta

1

Corte los solomillos en medallones de unos 3 cm de grosor (1). Caliente el aceite en una sartén al fuego y dore los medallones por ambos lados. Retírelos y resérvelos.

A continuación, vierta en el mismo aceite la cebolla, el ajo y las chalotas y rehóguelos unos minutos (2). Agregue el tomate y cocine todo durante 15 o 20 minutos.

2

Seguidamente vierta el tomate en una cazuela refractaria, sazónelo con sal y pimienta, incorpore los medallones, el orégano y las aceitunas (3) y cocine todo junto durante 10 minutos más. Sírvalo con patatas fritas o al gusto.

3

Tiempo de realización: 30 minutos   Calorías por ración: 486

Frutas en papillote

Ingredientes para 4 personas:
2 peras grandes
2 kiwis grandes
50 g de frambuesas (frutillas)
2 cucharadas de margarina vegetal
3 cucharadas de miel
1/2 copa de ron

Pele las peras, córtelas por la mitad en sentido longitudinal, deseche el corazón y las semillas y córtelas en gajos.

A continuación, pele los kiwis y córtelos en rodajitas. Lave las frambuesas bajo el chorro del agua fría y déjelas escurrir.

Seguidamente, corte 4 trozos grandes de papel de aluminio y colóquelos sobre una superficie plana. Engráselos con la margarina con ayuda de un pincel o con los dedos.

Por último, coloque 1/2 pera en cada trozo de papel. Coloque entre cada gajo una rodajita de kiwi y reparta las frambuesas. Mezcle la miel con el ron, repártalo sobre las frutas, cierre los paquetes y cocínelos en el horno, precalentado a 205° C (400° F), durante 15 minutos.

Tiempo de realización: 15 minutos   Calorías por ración: 176

Kiwis y plátanos al limón

Ingredientes para 4 personas:

3 kiwis grandes y maduros
2 plátanos (bananos, cambures) grandes y maduros
3/4 de lata de leche Ideal (concentrada)
El zumo (jugo) de 1 limón
La cáscara rallada de 1 limón
3 cucharadas de azúcar
4 cucharaditas de pistachos o avellanas, picados

Pele los kiwis y los plátanos y corte ambos en rodajitas finas. Colóquelos en dos platos o cuencos, por separado, tápelos con hoja plástica transparente y resérvelos en el frigorífico.

A continuación, vierta en la batidora la leche junto con el zumo y la ralladura de limón. Agregue el azúcar y bata todo hasta que tome consistencia. Viértala en un cuenco y resérvela en el frigorífico.

Cuando vaya a servir el postre, coloque los kiwis y los plátanos en los platos, alternándolos formando una corona. Reparta la crema de limón en el centro de cada plato y espolvoréelos con los pistachos picados.

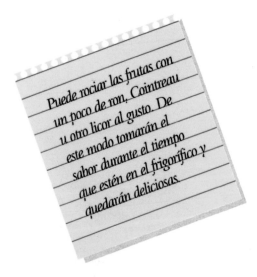

Puede rociar las frutas con un poco de ron, Cointreau u otro licor al gusto. De este modo tomarán el sabor durante el tiempo que estén en el frigorífico y quedarán deliciosas.

Tiempo de realización: 10 minutos   Calorías por ración: 281

Brevas con crema de café

Ingredientes para 4 personas:
500 g de brevas o higos maduros, pelados
500 ml de vino tinto
150 g de azúcar
2 palitos (rajitas) de canela
2 cucharadas de café soluble
1 cucharada de agua templada
500 ml de nata (crema de leche) líquida
100 g de azúcar glass (glasé, impalpable)

Ponga el vino en una cacerola al fuego, junto con el azúcar y la canela. Cuando el azúcar se haya disuelto y el vino comience a hervir, incorpore las brevas y cocínelas durante 10 minutos. Retire la cacerola del fuego y deje enfriar las brevas en el vino.

Mientras tanto, disuelva el café en el agua. Bata la nata junto con el azúcar glass con unas varillas manuales o eléctricas, hasta que esté bien montada y añádale el café disuelto, sin dejar de batir hasta que quede homogénea.

Por último, trocee las brevas y repártalas en 4 copas. Vierta sobre ellas la nata con café y resérvelas en el frigorífico hasta el momento de servir.

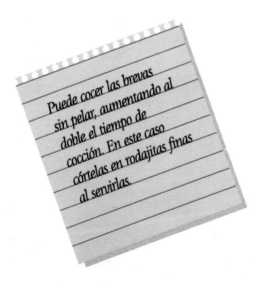

Puede cocer las brevas sin pelar, aumentando al doble el tiempo de cocción. En este caso córtelas en rodajitas finas al servirlas.

Tiempo de realización: 15 minutos   Calorías por ración: 701

Sorbete de piña

Ingredientes para 4 personas:
1 piña mediana
2 tarrinas de natillas comerciales
1 cucharada de azúcar
1 copa de ron
12 guindas en almíbar
Unas hojitas de hierbabuena

Corte la piña en sentido longitudinal y extraiga la pulpa con cuidado de no romper la cáscara. Retire la parte dura central y vierta la pulpa en una batidora.

A continuación, agréguele las natillas, el azúcar y el ron y bata hasta obtener una crema homogénea. Viértala en una bandeja o recipiente metálico e introdúzcala en el congelador hasta el momento de servir, revolviéndola un par de veces para que no se forme un bloque.

Seguidamente, retírela del congelador, revuelva el sorbete y llene con él las 2 mitades de piña o sólo una mitad, colocando el sorbete en forma de montaña.

Por último, ponga sobre la superficie las guindas, decore con la hierbabuena y sirva el sorbete acompañándolo si lo desea, de barquillos.

Puede preparar el sorbete con piña en almíbar y servirlo en 4 copas de cristal.

Tiempo de realización: 15 minutos   Calorías por ración: 267

Plátanos horneados con ron

Ingredientes para 4 personas:
- ✓ 4 plátanos (bananos, cambures)
- ✓ 2 naranjas
- ✓ 3 cucharadas de azúcar
- ✓ Un chorrito de agua
- ✓ 2 cucharadas de mantequilla
- ✓ 1 copa de ron

Pele los plátanos y córtelos por la mitad en sentido longitudinal.

A continuación, prepare un caramelo con el azúcar y el agua.

Mientras tanto, exprima una naranja y cuando esté hecho el caramelo, agréguele el zumo de naranja **(1)**.

Seguidamente, coloque los plátanos en una fuente refractaria y pincélelos con la mantequilla previamente ablandada **(2)**. Rocíelos con el caramelo e introdúzcalos en el horno, precalentado a 220° C (425° F) durante 5 minutos.

Mientras tanto, pele la naranja restante, divídala en gajos y elimine la piel que los cubre.

Por último, retire la fuente del horno, rocíe los plátanos con el ron **(3)** y hornéelos 10 minutos más. Sírvalos con los gajos de naranja pelados.

Tiempo de realización: 25 minutos   Calorías por ración: 301

Mousse de melocotón

Ingredientes para 4 personas:
1 lata de 500 g de melocotones (duraznos) en almíbar
250 ml de leche Ideal (concentrada)
La cáscara rallada de 1/2 limón
1 taza de nata montada (crema de leche batida)
1 cucharada de avellanas o pistachos picados
4 guindas en almíbar o barquillos

Vierta en el vaso de la batidora los melocotones troceados, reservando un par de trozos para la decoración. Añada la mitad del almíbar de la lata, la leche y la ralladura de limón y bata hasta conseguir un puré suave y homogéneo. Si no queda muy fino, páselo por un pasapurés o chino.

A continuación, reparta la crema preparada en 4 copas. Filetee los melocotones reservados y colóquelos sobre la mousse.

Seguidamente, vierta la nata en una manga pastelera con boquilla y cubra la mousse.

Por último, espolvoreee la superficie con las avellanas y decore con los barquillos o las guindas.

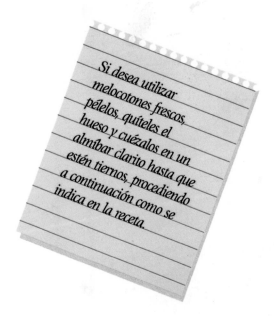

Si desea utilizar melocotones frescos, pélelos, quíteles el hueso y cuézalos en un almíbar clarito hasta que estén tiernos, procediendo a continuación como se indica en la receta.

Tiempo de realización: 10 minutos   Calorías por ración: 338

Frutas con chocolate

Ingredientes para 4 personas:
500 ml de chocolate hecho a la taza
1 plátano (banano, cambur)
250 g de fresones (frutillas)
2 peras
El zumo (jugo) de 1/2 limón
1 mango
1 kiwi

Pele el plátano, quítele las hebras y trocéelo. Quite las hojitas verdes a los fresones, lávelos y trocéelos si son grandes. Pele las peras, retire el corazón y semillas, trocéelas y rocíelas con el zumo de limón para que no se ennegrezcan. Pele el mango y el kiwi y trocéelos.

A continuación, vierta el chocolate caliente en un cuenco grande y póngalo en el centro de la mesa.

Seguidamente, ponga las frutas en una fuente o repártalas en los platos.

Por último, cada comensal pinchará las frutas con una brocheta o pincho de fondue y las mojará en el chocolate.

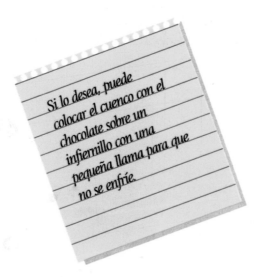

Si lo desea, puede colocar el cuenco con el chocolate sobre un infiernillo con una pequeña llama para que no se enfríe.

Tiempo de realización: 15 minutos   Calorías por ración: 518

Naranjas merengadas

Ingredientes para 4 personas:
4 naranjas grandes
1/2 copa de Cointreau
2 tarrinas de natillas o 1 taza de crema pastelera hecha en casa
3 claras de huevo
4 cucharadas de azúcar glass (glasé, impalpable)
2 cucharadas de almendras fileteadas

Corte las naranjas por la mitad y extraiga la pulpa con una cuchara o un cuchillo, teniendo mucho cuidado de no romper las cáscaras.

A continuación, trocee la pulpa y viértala en un cuenco. Rocíela con el Cointreau, revuélvala bien y déjela reposar unos minutos. Incorpore las natillas o la crema pastelera y mezcle todo bien.

Seguidamente, llene las cáscaras de naranja con el preparado anterior y colóquelas en una fuente refractaria.

Por último, bata las claras de huevo con 3 cucharadas de azúcar, hasta obtener un merengue fuerte. Cubra con él las naranjas, espolvoree por la superficie el azúcar restante, reparta las almendras por encima e introdúzcalas en el horno con el gratinador encendido durante unos minutos, hasta que se doren.

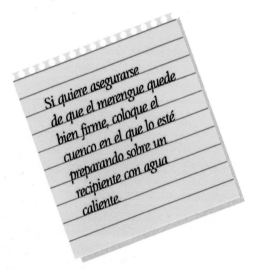

Si quiere asegurarse de que el merengue quede bien firme, coloque el cuenco en el que lo esté preparando sobre un recipiente con agua caliente.

Tiempo de realización: 20 minutos   Calorías por ración: 350

Postre multicolor

Ingredientes para 4 personas:

1 lata de 500 g de macedonia de frutas
1 sobre de preparado para flan
1 taza de leche
1/2 copa de ron
500 g de requesón (queso blando)
El zumo (jugo) de 1 limón
4 cucharadas de azúcar
Fideos de chocolate

Ponga el contenido de la lata de macedonia en un colador y recoja el almíbar. Deje escurrir la fruta.

A continuación, diluya el contenido del sobre de flan en 3 cucharadas del almíbar y agregue leche hasta obtener 1 taza. Vierta todo en un cazo al fuego y cocine lentamente hasta que espese. Aparte del fuego, incorpore el ron y las frutas y mezcla todo bien. Deje enfriar.

Mientras tanto, bata el requesón con el zumo de limón y el azúcar.

Seguidamente, reparta las frutas preparadas en 4 cuencos o platos. Reparta la crema de requesón poniéndola al lado de las frutas y espolvoree por encima los fideos de chocolate. Decore el postre al gusto y sírvalo.

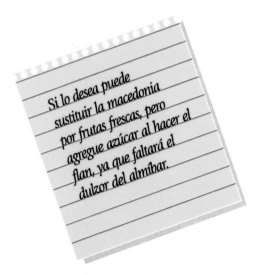

Si lo desea puede sustituir la macedonia por frutas frescas, pero agregue azúcar al hacer el flan, ya que faltará el dulzor del almíbar.

Tiempo de realización: 10 minutos   Calorías por ración: 428

Suflé de melón

Ingredientes para 4 personas:

✓ 1 melón de 1 1/2 kg aproximadamente
✓ 1 1/2 sobres de gelatina sin sabor
✓ El zumo (jugo) de 1/2 limón
✓ 500 ml de nata (crema de leche) líquida
✓ 4 cucharadas de azúcar glass (glasé, impalpable)
✓ 50 g de almendras fileteadas

1

Abra el melón, retire las semillas **(1)** y extraiga la pulpa, reservando unas bolitas para la decoración. Pase el resto por la batidora.

A continuación, disuelva la gelatina en el zumo de limón caliente y 1 cucharada de agua y agréguela al puré de melón, revolviendo todo bien **(2)**. Introdúzcalo en el frigorífico para que comience a cuajar.

2

Mientra tanto, rodee un molde alto con papel vegetal o de aluminio de modo que el papel sobresalga bastante y átelo al molde rodeándolo con una cuerda.

Seguidamente, bata la nata con el azúcar y cuando el puré de melón esté hecho una crema, añádale la nata montada y mézclela con movimientos envolventes **(3)**. Vierta todo en el molde preparado y déjelo cuajar en el frigorífico durante 8 horas.

3

Por último, retire el papel del molde, decore el suflé con las almendras y las bolitas reservadas y sírvalo.

Tiempo de realización: 30 minutos	Calorías por ración: 591

Peras rellenas de fresón

Ingredientes para 4 personas:
12 mitades de peras en almíbar
250 g de fresones (frutillas)
3 yemas de huevo
1 cucharadita de azúcar de vainilla
100 g de azúcar
1 cucharada de maicena (fecula de maíz)
1 1/2 tazas de leche caliente

Retire las hojitas verdes de los fresones, reserve algunos para la decoración y pique los restantes.

A continuación, bata las yemas en un cazo junto con el azúcar de vainilla, el azúcar y la maicena. Agregue la leche caliente, poco a poco, sin dejar de batir con unas varillas. Ponga el cazo al fuego y cocine sin dejar de remover hasta que se haga una crema pero cuidando que no hierva, pues se cortaría. Retire del fuego y deje entibiar.

Mientras tanto, extraiga el corazón de las peras, formando un hueco en el centro y rellénelo con los fresones picados.

Seguidamente, cubra la base de 4 platos con una capa de natillas. Coloque 3 mitades de pera en cada plato, decórelos con los fresones reservados y sirva el postre sin refrigerar.

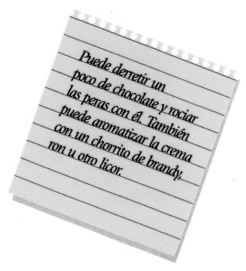

Puede derretir un poco de chocolate y rociar las peras con él. También puede aromatizar la crema con un chorrito de brandy, ron u otro licor.

Tiempo de realización: 15 minutos   Calorías por ración: 341

Barquillas de frutos rojos

Ingredientes para 4 personas:

4 tulipas de barquillo (las venden hechas)
350 g de frutos rojos congelados o frescos
2 yogures naturales
3 cucharadas de Pedro Ximénez (vino dulce)

Prepare las frutas dejándolas descongelar o lavándolas y secándolas si son frescas.

A continuación, ponga la tercera parte de las frutas en una batidora y bátalas hasta obtener un puré homogéneo. Cuélelo y recoja el puré en un cuenco. Incorpórele los yogures y mezcle bien. Si lo desea puede agregar azúcar al gusto.

Seguidamente, rocíe las frutas restantes con el vino y déjelas unos minutos en maceración.

Por último, reparta las frutas en las tulipas, ponga la crema de yogur en un lado y decórelas al gusto.

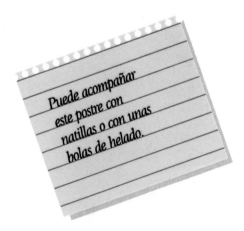

Puede acompañar este postre con natillas o con unas bolas de helado.

Tiempo de realización: 10 minutos   Calorías por ración: 148

Mango a la plancha con sopa de sandía

Ingredientes para 4 personas:
1 mango grande, maduro
2 cucharadas de azúcar
400 g de pulpa de sandía, sin pepitas
2 cucharadas de miel
1 cucharada de mantequilla
4 cucharadas de nata montada (crema de leche batida)
Nueces picadas
1 cucharadita de cominos (opcional)

Pele el mango, córtelo en tiras y colóquelas en un plato. Espolvoréelas con el azúcar y reserve.

A continuación, vierta la pulpa de sandía en la batidora, añádale la miel y bata hasta obtener un puré homogéneo. Rectifique el punto de dulce y resérvela.

Seguidamente, caliente una plancha, agréguele la mantequilla y ase el mango manteniéndolo unos 2 minutos por cada lado.

Por último, reparta la sopa de sandía en el fondo de 4 platos soperos. Ponga el mango sobre ella. Agregue 1 cucharada de nata a cada plato y espolvoréela con los cominos. Decore con las nueces y sirva.

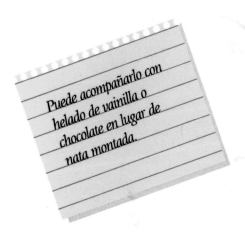

Puede acompañarlo con helado de vainilla o chocolate en lugar de nata montada.

Tiempo de realización: 15 minutos   Calorías por ración: 179

Milhojas de plátano y frambuesas

Ingredientes para 4 personas:

3 hojas de pasta brik
2 cucharadas de mantequilla ablandada
150 g de frambuesas (frutillas)
2 plátanos (bananos, cambures)
350 g de nata montada (crema de leche batida) con azúcar
1 cucharada de azúcar glass (glasé, impalpable)
Caramelo líquido

Corte 4 discos de pasta de cada hoja de brik, ayudándose con un plato pequeño. Úntelas con una capita de mantequilla y colóquelas en una plancha caliente al fuego. Cuando estén doraditas por un lado, déles la vuelta y dórelas por el otro. Retírelas de la plancha y déjelas enfriar sobre un mármol o superficie fresca.

A continuación, lave las frambuesas y escúrralas bien. Pele los plátanos, quíteles las hebras de alrededor y córtelos en rodajas finas.

Seguidamente, ponga la nata en una manga pastelera con boquilla rizada y monte los milhojas intercalando entre los discos de pasta, la nata, los plátanos y las frambuesas.

Por último, espolvoree la superficie con el azúcar glass y sirva en platos decorados con caramelo líquido.

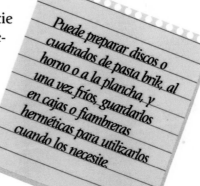

Puede preparar discos o cuadrados de pasta brik, al horno o a la plancha, y una vez fríos, guardarlos en cajas o fiambreras herméticas para utilizarlos cuando los necesite.

Tiempo de realización: 15 minutos   Calorías por ración: 465

Cocinar con microondas

El horno microondas representa una de las más importantes revoluciones culinarias de los últimos tiempos. La increíble velocidad con la que puede descongelar los alimentos congelados, cocinar los frescos o calentar platos preparados, proporciona un carácter instantáneo a la cocina que encaja perfectamente con la forma de vida de hoy, tan exigente en lo que a rapidez y comodidad se refiere.

CÓMO FUNCIONAN

Hasta la introducción de los hornos microondas, quizá el uso más familiar de las ondas electromagnéticas era el de las transmisiones de radio y televisión y el radar. De hecho, el principio es el mismo: la conversión de la energía eléctrica en ondas electromagnéticas.

DIFERENTES TIPOS DE ALIMENTOS

La administración instantánea de la energía microondas se efectúa en toda la superficie de los alimentos, y mientras esto ocurre, se genera calor por fricción, con lo que al aplicar una energía constante, ésta pasa a la capa siguiente y así sucesivamente.

La penetración inicial de las microondas es de 2.5 a 4 cm. Sin embargo, no hay una profundidad de penetración idéntica para todos los alimentos, dependiendo ésta de su composición, como por ejemplo, que sean porosos o densos.

En comparación, un pollo preparado en el horno microondas se hará más deprisa que un trozo de carne del mismo peso. El espacio central de aire en el ave no absorbe energía, sino que simplemente permite que ésta pase a través suyo. Por esta razón, a pesar de que los pesos son iguales, el tiempo de cocción varía, porque la densidad y la estructura son distintas.

VERSATILIDAD

Con independencia de cualquier otro equipo de cocina, los hornos microondas son apropiados para descongelar, calentar, asar, tostar, cocinar, escalfar o cocer al vapor alimentos. También pueden simplificar la preparación de recetas ablandando grasas, disolviendo bloques de gelatina, fundiendo chocolate y recalentando pequeñas cantidades de líquidos con gran rapidez.

Otro aspecto importante de su versatilidad es su uso para calentar, para lo cual ofrece excelentes resultados. Para familias que tienen unos hábitos de alimentación irregulares, representan una gran ventaja porque los platos de comida pueden calentarse rápida y eficazmente. A diferencia de los métodos tradicionales de recalentamiento, con el microondas se conserva la humedad de los alimentos, que no se resecan ni cambian de color y además es considerablemente más barato que poner en marcha una cocina eléctrica tradicional para calentar la comida.

Algunos alimentos, como las verduras y las frutas, pueden cocinarse con menor cantidad de agua que con el sistema tradicional y retener por tanto una parte mayor de su poder nutritivo, color y aroma.

Puede retirarse directamente la comida del congelador para descongelarla y cocinarla en el microondas. Más todavía, los restos de alimentos cocinados, como pasta, arroz, sopas o salsas, pueden congelarse y descongelarse con facilidad para usarlos, combinados de otro modo y en cualquier momento.

TRABAJO SIN CALOR

El calor se produce dentro de los alimentos, limitado a la cavidad del horno y manteniendo así fresco el ambiente circundante. Ello, a su vez, ayuda a reducir los olores a comida durante el breve período de la elaboración.

La cocina se mantiene fresca y agradable, sin calor atmosférico ni humos, lo que la conserva limpia durante mucho más tiempo y el trabajo resulta bastante más agradable.

FACTORES QUE AFECTAN A LA COCINA CON MICROONDAS

Hay varios factores que afectan a los alimentos y que deben tomarse en cuenta antes de empezar a cocinar con microondas.

Forma. Los alimentos con una forma homogénea son ideales porque absorben energía de una manera uniforme. Tanto en las cocinas tradicionales como en los microondas, las partes delgadas de los alimentos se harán antes que las gruesas, pero esto se puede controlar hasta cierto punto en los hornos microondas. El perímetro del recipiente es donde los alimentos reciben la energía inicial y por tanto, situando las partes gruesas hacia afuera del recipiente y las más finas hacia el centro, donde reciben una energía menor, se equilibra más el proceso de calentamiento o cocinado.

Temperatura. La temperatura del alimento antes de introducirlo en el microondas influye en el tiempo de cocción o calentamiento. La comida a baja temperatura requiere un tiempo mayor de cocción que la que esté a temperatura ambiente, por lo que deberemos tenerlo en cuenta si se utilizan alimentos recién sacados del frigorífico. Con la excepción de las verduras, los restantes alimentos deben descongelarse antes de su preparación, a menos que las instrucciones de los fabricantes del horno especifiquen otra cosa.

Tamaño. Al igual que en los hornos tradicionales, en los microondas se cocinan más deprisa las porciones pequeñas que las grandes, por lo que si usted está cocinando varios alimentos a la vez, éstos deberán tener un peso, tamaño y consistencia similares de forma que se guisen uniformemente.

Cantidad. El tiempo debe incrementarse cuanto mayor

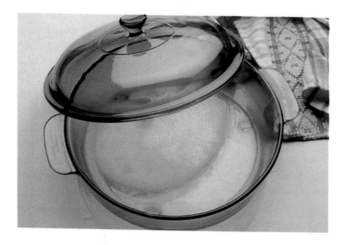

sea el volumen de comida. Esto es necesario porque la cantidad de energía permanece constante, y como debe repartirse entre el volumen de comida, requiere por lo tanto un período de tiempo más largo para hacer el mismo efecto.

Composición. Los alimentos que tienen un alto porcentaje de grasa o azúcar se calientan más deprisa y alcanzan una temperatura más

aita que los alimentos con mucha agua.

Los alimentos con un alto grado de humedad, como la carne y las verduras, tardan más en hacerse que los que tienen poca, como la repostería y el pan.

Los huesos son conductores del calor en los alimentos, por lo que se harán muy deprisa las zonas de la carne pegadas a los huesos y a menudo provocarán una cocción irregular. Los mejores resulta-

dos se dan en los casos en que se han quitado los huesos y se ha enrollado la carne atándola y dándole una forma compacta.

TÉCNICAS DE COCINADO
Cubrir la comida. Como en la cocina convencional, cubrir la comida con una tapadera impide que se escape el vapor y la humedad, ayudando así a reblandecer la comida y acelerando su cocción. Se recomienda para guisar verduras, estofados y guisos y para calentar alimentos que no sean de repostería. Muchos recipientes de microondas tienen tapaderas completas pero si no es así, puede utilizarse un plato boca abajo o un plástico transparente.

Remover la comida. Esta técnica se usa tanto en la cocción convencional como en la de microondas, lo que ayuda a distribuir el calor

uniformemente. El remover evita que se hagan demasiado los bordes exteriores de la comida y ayuda a repartir el calor más rápidamente hacia el centro. El número de veces que es necesario remover depende de la cantidad de comida.

Protección de la comida. Las zonas sensibles de los alimentos deben protegerse de la energía de microondas para evitar que se pasen. Pueden envolverse con pequeñas tiras de aluminio las zonas sensibles como las puntas de las alas o las patas de las aves.

Retirar los jugos de la cocción. Los jugos que sueltan durante la cocción ciertos alimentos, como continuan atrayendo la energía de las microondas, pueden acabar evaporándose, por lo que es aconsejable retirar esos jugos a intervalos regulares durante la cocción y utilizarlos después para hacer la salsa.

Dorar la comida. Como se aplica poco calor a la superficie, la comida no toma color fácilmente, especialmente cuando los tiempos de cocción son cortos. De todas formas, algunos alimentos se dorarán ligeramente y esto es más probable que ocurra con trozos grandes de carne con una buena cobertura de grasa: en las aves con bolsas de grasa bajo la piel, carne picada que contenga bastante grasa o bacon por su alternancia de grasa y magro.

Los trozos pequeños, como las costillas, las chuletas, los filetes, las salchichas y los trozos de pollo o carne, que necesitan menos tiempo de cocción, no se dorarán y tendrán un aspecto menos atractivo. Sin embargo, si su microondas no tiene grill, para conseguir el color convencional basta con utilizar la bandeja especial de dorar que existe en el mercado o utilizar especias que den color al ingrediente.

Aparte de las funciones clásicas de descongelación, calentamiento y cocción, hay una serie de pequeños trucos con el microondas que facilitarán sus tareas culinarias. He aquí un pequeño resumen.

- Para pelar con mayor facilidad los cítricos, póngalos previamente 15 segundos a potencia máxima. De esta forma, también conseguirá obtener más zumo al exprimirlos.

- Para quitar humedad a la sal (50 g) póngala a potencia máxima durante 1 minuto, colocándola sobre papel absorbente.

- Para ablandar la mantequilla o la crema de queso y poder extenderla bien, póngala 1 minuto en potencia de descongelación.

- Si desea descongelar pan, envuélvalo en papel absorbente de cocina para que éste absorba la humedad del pan al descongelarse. Déjelo reposar unos minutos antes de su utilización.

- Para fundir chocolate (200 g) póngalo en un recipiente hondo cubierto con plástico transparente durante 2 o 3 minutos a potencia máxima.

Las mejores recetas

Pastel de guisantes

Ingredientes para 6 personas:
200 g de guisantes (arvejas, chícharos) desgranados
4 huevos
150 ml de nata (crema de leche) líquida
1 cucharada de mantequilla
150 g de jamón de York, picado
2 tazas de tomate (jitomate) frito
Sal y pimienta

Ponga los guisantes en un cuenco o cazuela de vidrio, cúbralos con agua, agregue un poco de sal e introdúzcalos en el microondas. Conéctelo a máxima potencia durante 6 minutos.

Mientras tanto, bata los huevos, sazónelos con sal y pimienta, agrégueles la nata y mezcle todo bien.

A continuación, engrase un molde rectangular con la mantequilla y vierta en él los guisantes, previamente escurridos. Agregue el jamón y los huevos batidos con la nata.

Seguidamente, introduzca el molde en el microondas y conéctelo a máxima potencia durante 5 minutos. Si el microondas no tiene plato giratorio, gire el molde 180° y conéctelo de nuevo 2 minutos hasta que el pastel esté cuajado.

Por último, desmolde el pastel, córtelo en rebanadas y acompáñelo con el tomate frito, bien caliente y en salsera aparte.

Tiempo de realización: 16 minutos   Calorías por ración: 265

Crema de calabacines

Ingredientes para 4 personas:
350 g de calabacines (calabacitas, chauchitas, zucchini)
cortados en rodajas finas
25 g de mantequilla
2 cebolletas (cebolla larga) picadas
750 ml de caldo de cubito
Unas hojitas de hierbabuena
2 cucharadas de preparado de puré de patata (papa) instantáneo
Pan frito cortado en cubitos pequeños
Sal y pimienta

Ponga la mantequilla en una cazuela de vidrio e introdúzcala en el microondas. Conéctelo a máxima potencia durante 45 segundos.

A continuación, incorpore a la cazuela los calabacines y las cebolletas, tápela y conecte de nuevo 6 minutos más.

Seguidamente, añada el caldo y las hojitas de hierbabuena. Sazone todo con sal y pimienta y cocínelo, siempre a máxima potencia, durante 8 minutos.

Por último, vierta todo en la batidora y bátalo junto con el puré de patatas. Sirva la crema acompañada con el pan frito y decorada con hojitas de hierbabuena.

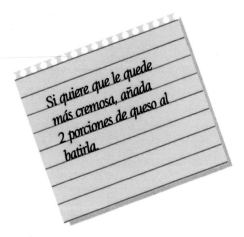

Si quiere que le quede más cremosa, añada 2 porciones de queso al batirla.

Tiempo de realización: 20 minutos   Calorías por ración: 189

Pastel de setas

Ingredientes para 4 personas:
750 g de setas (hongos) lavadas y picadas
3 cucharadas de aceite
1 cebolla picada
2 cucharadas de mantequilla
50 g de queso rallado
4 huevos batidos
2 cucharadas de tomate (jitomate) frito
Sal

Para la salsa:
2 cucharadas de mantequilla
3 cucharadas de harina
500 ml de caldo
100 ml de nata (crema de leche) líquida o leche evaporada
Sal

Introduzca la bandeja de dorar en el microondas y conéctelo 4 minutos. Vierta en la bandeja el aceite y la cebolla y conecte de nuevo 3 minutos, revolviendo a la mitad del tiempo indicado. Agregue las setas, tape la bandeja y conecte el horno 10 minutos más. Retire del microondas y reserve.

A continuación, ponga 1 cucharada de mantequilla en un cuenco, introdúzcalo en el microondas y conéctelo 40 segundos. Retire el cuenco del horno y agréguele el queso, los huevos y el tomate. Mezcle todo bien y vierta el preparado sobre las setas. Sale, revuelva todo bien y viértalo en un molde engrasado con la mantequilla restante. Introduzca el molde en el microondas, al 75% de potencia, durante 15 minutos. Retírelo del horno y déjelo enfriar.

Mientras tanto prepare la salsa. Derrita la mantequilla durante 45 segundos en el microondas. Agregue la harina, mézclela bien con la mantequilla y conecte el horno 1 minuto más. Incorpore el caldo, revuelva todo bien, sálelo y cocínelo de nuevo durante 3 o 4 minutos hasta que la salsa espese. Retírela del microondas, pásela por la batidora y añádale la nata.

Por último, desmolde el pastel, córtelo en rebanadas y sírvalo con la salsa caliente en salsera aparte.

Tiempo de realización: 40 minutos   Calorías por ración: 336

Ensalada de alcachofas

Ingredientes para 4 personas:
750 g de alcachofas (alcauciles) congelados
750 g de mejillones (choros, moule)
El zumo (jugo) de 1/2 limón
100 g de aceitunas negras
150 g de habas (fabas frescas) cocidas y sin piel
1 pimiento (pimentón) rojo de lata, cortado en tiras
1 cebolleta (cebolla larga) picada
8 cucharadas de aceite
2 cucharadas de vinagre
Unas rodajas de pepino
Unas ramitas de eneldo fresco
Sal y pimienta

Limpie bien los mejillones, póngalos en una cazuela y tápelos. Introdúzcala en el microondas y conéctelo a máxima potencia 3 minutos. Déles unas vueltas y vuelva a conectar el horno 3 minutos o hasta que se hayan abierto.

A continuación, ponga las alcachofas congeladas junto con el zumo de limón en un recipiente de vidrio. Introdúzcalo en el microondas y conéctelo a máxima potencia 8 minutos. Retire el recipiente y déjelo enfriar. Seguidamente, coloque las alcachofas en una ensaladera con los mejillones sin la concha, las aceitunas, las habas, las tiras de pimiento y la cebolleta.

Por último, aliñe la ensalada con el aceite, el vinagre, sal y pimienta, decórela con las rodajas de pepino y el eneldo y sírvala.

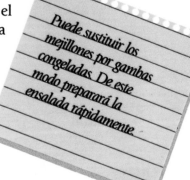

Puede sustituir los mejillones por gambas congeladas. De este modo preparará la ensalada rápidamente

Tiempo de realización: 20 minutos	Calorías por ración: 451

Puerros con jamón

Ingredientes para 4 personas:

✓ 8 puerros (poros) gruesos
✓ 4 lonchas de jamón de York o serrano
✓ 50 g de queso rallado
✓ 2 cucharadas de mantequilla
✓ 2 cucharadas de harina
✓ 500 ml de leche
✓ Unos rabanitos, cortados en lonchitas
✓ Sal y pimienta negra, recién molida

1

2

Ponga los puerros en una fuente. Cúbralos con agua hirviendo, tape la fuente con una lámina de plástico adherente (1) y perfórela con un cuchillo. Introduzca la fuente en el microondas y conéctelo a máxima potencia 12 minutos. Retire los puerros del microondas y resérvelos.

Seguidamente, ponga la mantequilla en un cuenco e introdúzcalo en el microondas 40 segundos. Retírelo, añada la harina y la leche (2), remueva y sazone con sal y pimienta. Introdúzcalo de nuevo en el microondas y cocine 4 minutos más, revolviendo todo de vez en cuando.

3

Mientras se está haciendo la salsa, escurra los puerros del líquido de cocción, póngalos sobre papel absorbente de cocina para que éste absorba el exceso de humedad y una vez bien secos, envuelva cada uno en media loncha de jamón, colocándolos en una fuente rectangular.

Por último, cúbralos con la salsa preparada (3), espolvoréelos con el queso rallado e introduzca la fuente en el microondas 1 minuto. Retírelos del horno, déjelos reposar unos minutos y sírvalos decorados con las lonchitas de rabanitos o al gusto.

| Tiempo de realización: 20 minutos | Calorías por ración: 332 |

Pastel de calabacín

Ingredientes para 4 personas:
400 g de calabacines (calabacitas, chauchitas, zucchini)
2 huevos batidos
200 g de queso gruyère, rallado
1 taza de galletas saladas, ralladas
4 cucharadas de mantequilla
1 pizca de nuez moscada
2 tazas de tomate (jitomate) frito
Sal y pimienta

Corte los extremos de los calabacines, retire unas tiras de piel y trocéelos. Póngalos en un recipiente de vidrio, rocíelos con 2 o 3 cucharadas de agua, sálelos e introduzca el recipiente en el microondas. Tápelo y conecte el horno a máxima potencia 8 minutos.

A continuación, retire los calabacines del horno, aplástelos con un tenedor y póngalos en un cuenco, agrégueles los huevos batidos, la mitad del queso y las galletas ralladas.

Seguidamente, derrita la mantequilla en el microondas y agréguela al preparado de calabacines. Sazónelo con la nuez moscada, sal y pimienta, revuelva todo bien y déjelo reposar durante 30 minutos para mezclar bien los sabores.

Por último, engrase con mantequilla un molde grande o 4 individuales y vierta en él el preparado. Espolvoree con el queso restante e introdúzcalo en el microondas, a máxima potencia, durante 5 minutos. Compruebe que está cuajado y si no es así, conecte el horno 2 minutos más. Sirva el pastel con el tomate frito bien caliente, decorándolo al gusto.

Tiempo de realización: 20 minutos   Calorías por ración: 422

Paquetitos de espárragos

Ingredientes para 4 personas:
1 manojo mediano de espárragos verdes
1 cucharada de aceite de oliva
12 lonchas pequeñas de salmón ahumado
1 vaso de mayonesa
2 cucharadas de queso rallado
Sal

Corte la parte superior de los espárragos en trozos de unos 5 cm. Colóquelos en un cuenco de vidrio, cúbralos con agua, rocíelos con el aceite y añada sal. Introdúzcalos en el microondas y conecte el horno a máxima potencia durante 5 minutos.

A continuación, escurra los espárragos, forme paquetitos envolviendo 3 o 4 espárragos en cada loncha de salmón y colóquelos en una fuente refractaria.

Seguidamente, mezcle la mayonesa con el queso, distribuya este preparado sobre los paquetes de espárragos, introdúzcalos en el microondas y cocínelos durante 2 minutos.

Por último, retírelos del horno y sírvalos acompañados de tomate si lo desea, de tomate decorándolos al gusto.

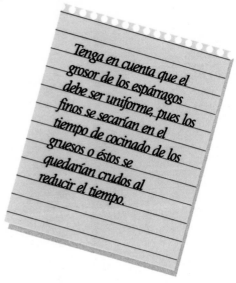

Tenga en cuenta que el grosor de los espárragos debe ser uniforme, pues los finos se secarían en el tiempo de cocinado de los gruesos o éstos se quedarían crudos al reducir el tiempo.

Pasteles sorpresa

Ingredientes para 4 personas:

300 g de coliflor
4 ramitos de brécol (brócoli)
4 huevos
175 ml de nata (crema de leche) líquida
1 pizca de nuez moscada
1 cucharada de aceite
2 cucharadas de pan rallado
2 tomates (jitomates) pelados y picados
1 cucharadita de orégano
1 cucharadita de perejil
Sal y pimienta

Lave bien la coliflor y trocéela. Lave el brécol y ponga ambos en un recipiente de vidrio. Agregue 2 o 3 cucharadas de agua, tape el recipiente e introdúzcalo en el microondas a máxima potencia durante 6 minutos.

A continuación, ponga la coliflor escurrida en el vaso de la batidora. Añada los huevos, la nata, la nuez moscada y sazone todo con sal y pimienta. Bata el preparado hasta obtener una crema homogénea.

Seguidamente, engrase 4 moldes individuales con el aceite y espolvoréelos con el pan rallado. Vierta en ellos el preparado de coliflor e introduzca en el centro de cada molde un ramito de brécol. Colóquelos en el centro del microondas, tápelos con papel absorbente de cocina y conecte el horno a máxima potencia 4 minutos. Compruebe si están bien cuajados y si fuera necesario cocínelos 1/2 minuto más.

Mientras tanto, aderece los tomates con el orégano, el perejil, sal y pimienta.

Por último, desmolde los pasteles y sírvalos con el tomate aliñado, decorándolos al gusto.

Tiempo de realización: 15 minutos · Calorías por ración: 295

Alcachofas rellenas

Ingredientes para 4 personas:
12 alcachofas
1 limón
50 g de mantequilla
1 cucharada de harina
250 ml de leche hirviendo
4 lonchas de salmón ahumado
Sal y pimienta blanca, recién molida

Pele las alcachofas, retirando las hojas exteriores y cortando las puntas. Deben quedar sólo los fondos. Lávelas bien y, sin escurrirlas, frótelas con el limón para que no se ennegrezcan, sazónelas ligeramente e introdúzcalas en una bolsa de plástico especial para asados. Ciérrela, haga unos agujeros con un tenedor para que salga el vapor e introduzca la bolsa en el microondas, conectándolo durante 12 minutos, a máxima potencia. Retire las alcachofas y resérvelas.

A continuación, ponga la mantequilla en un cuenco, introdúzcalo en el microondas y conéctelo durante 40 segundos. Añada la harina, mézclela bien con la mantequilla y vierta poco a poco la leche, sin dejar de revolver. Sazone con sal y pimienta y conecte de nuevo el horno 2 minutos, revolviendo cada 30 segundos. Retire el cuenco del microondas e incorpore la mitad del salmón, picado.

Seguidamente, con ayuda de una cucharilla, retire cuidadosamente parte del corazón de las alcachofas, dejando un hueco en el centro, y rellénelas con la salsa preparada.

Por último, introdúzcalas en el microondas y conéctelo de nuevo 2 minutos. Decórelas con el salmón restante cortado en tiritas y sírvalas calientes.

Tiempo de realización: 20 minutos   Calorías por ración: 286

Huevos duquesa

Ingredientes para 4 personas:
- ✓ *6 huevos*
- ✓ *500 g de champiñones (hongos, setas)*
- ✓ *El zumo (jugo) de 1 limón*
- ✓ *4 tomates (jitomates)*
- ✓ *1 cucharada de perejil picado*
- ✓ *1 cucharada de orégano*
- ✓ *Sal y pimienta*

Limpie bien los champiñones, quíteles el tallo y colóquelos en una fuente de vidrio. Rocíelos con el zumo de limón **(1)** para que no se ennegrezcan y resérvelos.

A continuación, corte los tomates por la mitad y colóquelos en la fuente con los champiñones. Espolvoréelos con el perejil y el orégano **(2)**, sazónelos con sal y pimienta e introduzca la fuente en el microondas. Conecte el horno a máxima potencia 5 minutos.

Seguidamente, bata los huevos en un cuenco **(3)**, sazónelos con sal y pimienta e introdúzcalos en el microondas conectándolo a máxima potencia durante 2 minutos. Revuélvalos y cocínelos 2 minutos más. Revuélvalos de nuevo y si no están bien cuajados, cocínelos 1 minuto más.

Por último, coloque los huevos revueltos en una fuente y ponga sobre ellos los tomates y los champiñones preparados.

| Tiempo de realización: 10 minutos | Calorías por ración: 170 |

Aspic de merluza

Ingredientes para 6 personas:
500 g de merluza o corvina (puede ser congelada)
400 ml de agua hirviendo o caldo de pescado
12 gambas (camarones) peladas
200 g de mayonesa
100 ml de nata (crema de leche) líquida
2 pepinillos picados
15 g de gelatina en polvo, sin sabor
Sal y pimienta blanca, recién molida

Ponga la merluza en una cazuela de barro o cristal, cúbrala con el agua o caldo, sazónela ligeramente con sal y pimienta e introduzca la cazuela en el microondas, conectándolo 4 minutos. Añada las gambas y conecte el horno 2 minutos más. Deje templar el caldo, cuélelo y resérvelo.

A continuación, desmenuce la merluza y mézclela muy bien con la mayonesa, la nata y los pepinillos picados.

Seguidamente, disuelva la gelatina en el caldo y vierta todo en un molde cubriendo aproximadamente 1 cm de la base. Introdúzcalo en el frigorífico, deje cuajar el caldo y coloque las gambas por encima. Si le sobra alguna, píquela e incorpórela a la mezcla de merluza. Cubra las gambas con gelatina y deje cuajar todo de nuevo.

Por último, mezcle la gelatina restante con la merluza preparada y viértala en el molde. Introdúzcalo en el frigorífico durante 24 horas y sirva el aspic con ensalada.

Tiempo de realización: 6 minutos   Calorías por ración: 387

Bacalao con pimientos

Ingredientes para 4 personas:
*500 g de bacalao (abadejo, mojito, reyezuelo) puesto
en remojo el día anterior
3 cucharadas de aceite
1 cebolla picada
1 diente de ajo prensado
150 g de tomate (jitomate) frito
100 g de pimientos (pimentones) de lata, troceados
2 cucharadas de vino blanco de buena calidad
Sal*

Transcurrido el tiempo de remojo del bacalao, retire cuidadosamente las pieles y todas las espinas y desmenúcelo.

A continuación, ponga el aceite en una cazuela de barro o de vidrio junto con el diente de ajo y la cebolla e introdúzcala en el microondas a máxima potencia durante 4 minutos.

Seguidamente, retire la cazuela del horno y agregue el tomate frito, el pimiento, el bacalao y el vino. Revuelva con una cuchara de madera, para mezclar bien todos los ingredientes, tape la cazuela e introdúzcala de nuevo en el microondas, durante otros 5 minutos.

Por último, retire la cazuela del microondas, pruebe y rectifique la sazón si fuera necesario. Sírvalo rápidamente, acompañado de pan frito.

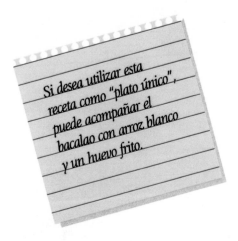

Si desea utilizar esta receta como "plato único", puede acompañar el bacalao con arroz blanco y un huevo frito.

Tiempo de realización: 10 minutos   Calorías por ración: 219

Aspic marinero

Ingredientes para 6 personas:
350 g de tronquitos de mar (sucedáneo de cangrejo)
2 vasos de agua
2 cucharadas de vino blanco
1 cebolla picada
1 puerro (poro) cortado en rodajitas
250 g de filetes de merluza (corvina) sin espinas
250 g de salmón fresco sin espinas
1 1/2 cucharadas de gelatina en polvo, sin sabor
150 g de zanahorias picadas y cocidas
Sal

Ponga el agua en una cazuela de vidrio junto con el vino, la cebolla y el puerro. Sazone todo e introdúzcalo en el microondas conectándolo a máxima potencia durante 10 minutos.

A continuación, agregue a la cazuela la merluza y el salmón y conecte de nuevo 4 minutos.

Seguidamente, retire el pescado, cuele el caldo y diluya en él la gelatina. Vierta un poco de caldo en un molde rectangular, previamente humedecido con agua, e introdúzcalo en el frigorífico hasta que cuaje.

Por último, coloque sobre la gelatina el salmón, la merluza, los tronquitos de mar y las zanahorias. Cubra todo con el caldo con la gelatina restante y deje cuajar en el frigorífico durante varias horas. Sírvalo frío y cortado en rodajas.

Deje un ratito el aspic a temperatura ambiente antes de servirlo, pues al perder el exceso de frío, gana en sabor.

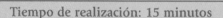

Tiempo de realización: 15 minutos   Calorías por ración: 212

Lenguados al estragón

Ingredientes para 4 personas:
- ✓ *8 filetes de lenguado sin piel ni espinas*
- ✓ *1 huevo*
- ✓ *1 diente de ajo pelado y prensado*
- ✓ *2 cucharadas de perejil picado*
- ✓ *2 cucharadas de queso rallado*
- ✓ *50 g de jamón serrano, muy picado*
- ✓ *1 vaso de vino blanco*
- ✓ *1 cucharada de mantequilla*
- ✓ *1 vaso de caldo preparado con la cocción de las cáscaras de las gambas*
- ✓ *Unas hojitas de estragón fresco*
- ✓ *1 cucharadita de maicena (fécula de maíz)*
- ✓ *50 g de gambas (camarones) peladas*
- ✓ *Sal y pimienta*

1

Lave los filetes de lenguado y séquelos con papel absorbente de cocina.

Bata el huevo en un cuenco, añada el diente de ajo, el perejil, el queso, el jamón y la mitad del vino blanco, sazone con sal y pimienta y mezcle todo bien.

2

A continuación, extienda los filetes sobre una superficie y ponga el preparado sobre ellos (**1**), enrollándolos y sujetándolos con un palillo (**2**).

Seguidamente, colóquelos en un recipiente de vidrio, distribuya la mantequilla sobre ellos, rocíelos con el caldo, y

3

agregue el estragón. Tape el recipiente e introdúzcalo en el microondas 5 minutos. Retire los rollitos de lenguado, manténgalos al calor y añada la maicena disuelta en el vino restante y las gambas. Introduzca todo en el microondas (**3**) y cocínelo 1 minuto. Revuelva y conecte el horno 1 minuto más.

Por último, cubra los rollitos con la salsa y las gambas y sírvalos.

Tiempo de realización: 20 minutos   Calorías por ración: 347

Carabineros al cava

Ingredientes para 4 personas:
500 g de carabineros (langostinos)
1 cucharada de mantequilla
2 o 3 chalotas (escalonias) picadas
1 cucharadita de estragón molido
1 copita de cava (champagne) seco o brut
Sal

Ponga la mantequilla y las chalotas en una cazuela de vidrio, cúbrala con plástico adherente e introdúzcala en el microondas. Conéctelo a máxima potencia 4 minutos.

Mientras tanto, pele los carabineros y resérvelos.

A continuación, agregue a la cazuela las cabezas y las cáscaras de los carabineros. Incorpore el estragón y el cava, sale todo e introduzca la cazuela de nuevo en el microondas, destapada. Conecte el horno a máxima potencia 3 minutos.

Seguidamente, vierta el preparado en el vaso de la batidora y bátalo hasta conseguir una consistencia homogénea. Pase el preparado por el chino.

Por último, coloque los carabineros en una bandeja de vidrio, cúbralos con la salsa y cocínelos en el microondas a máxima potencia durante 3 o 4 minutos. Sírvalos con arroz blanco.

Si lo desea, puede agregar a la salsa una cucharadita de curry.

Langostinos a la pequinesa

Ingredientes para 4 personas:
350 g de langostinos
3 cucharadas de aceite
1 cucharada de jengibre fresco, picado o en polvo
1 diente de ajo pelado y prensado
1 calabacín (calabacita, chauchita, zucchini) pequeño, picado en tiritas
1 cucharada de vino blanco

Para la salsa:
1 cucharada de azúcar
1 cucharada de vinagre de vino
1 cucharada de salsa de soya
2 cucharadas de salsa ketchup
1 cucharada de maicena (fécula de maíz)
1 vaso de caldo de pastilla
Sal y pimienta

Pele los langostinos, dejándoles la cáscara de la parte final de la cola.

A continuación, ponga el aceite en una cazuela de vidrio con el jengibre, el ajo y el calabacín, introdúzcala en el microondas y conéctelo a máxima potencia 3 minutos. Remueva todo con una cuchara de madera, añada los langostinos y el vino y conecte el horno 3 minutos más.

Mientras tanto, prepare la salsa: mezcle en un cuenco el azúcar, el vinagre, la salsa de soya, la salsa ketchup, la maicena, el caldo, sal y pimienta.

Seguidamente, incorpore este preparado a los langostinos en la cazuela. Vuelva a introducir en el microondas y conéctelo 3 minutos, revolviendo todo en mitad de la cocción.

Por último, retire los langostinos del microondas y sírvalos con arroz blanco.

Tiempo de realización: 15 minutos   Calorías por ración: 215

Bacalao en ajada

Ingredientes para 4 personas:
8 trozos de lomo de bacalao (abadejo) seco
1 vasito de aceite
Harina para enharinar
6 dientes de ajo cortados en láminas finas
1 cucharadita de pimentón en polvo
3 cucharadas de vinagre

Ponga el bacalao en remojo el día anterior y cámbiele el agua varias veces. Cuando lo vaya a cocinar, escúrralo bien y séquelo con papel absorbente.

A continuación, caliente la bandeja de dorar en el microondas, durante 7 minutos. Añada el aceite y caliéntelo durante 2 minutos.

Seguidamente, enharine ligeramente el bacalao, póngalo sobre el aceite caliente y cocine en el microondas, a máxima potencia, durante 3 minutos. Retire del horno, déle la vuelta y cocínelo otros 3 minutos. Retírelo de la bandeja y resérvelo caliente.

Por último, ponga los ajos en un cuenco con el aceite de la bandeja y cocínelos 5 minutos. Retírelo del microondas, agregue el pimentón y el vinagre, mezcle todo bien y viértalo sobre el bacalao. Sírvalo con patatas al vapor y decorado con perejil.

Tiempo de realización: 30 minutos — Calorías por ración: 255

Lomos de pescadilla a la costra

Ingredientes para 4 personas:

500 g de pescadilla (corvina) abierta y sin espina central
1 diente de ajo pelado
1 cucharada de perejil picado
25 g de almendras peladas
2 cucharadas de pan rallado
2 cucharadas de aceite
Sal

Ponga en el mortero el ajo, el perejil, las almendras y el pan rallado. Machaque todos estos ingredientes hasta obtener una pasta homogénea.

A continuación, ponga la pescadilla en una fuente de barro, sálela y cúbrala con la preparación anterior. Rocíe por encima el aceite e introdúzcala en el microondas.

Seguidamente, conecte el horno a máxima potencia y cocine la pescadilla durante 4 minutos.

Por último, retírela del horno y sírvala en la misma cazuela, decorándola al gusto.

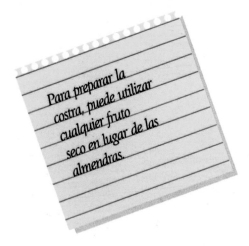

Para preparar la costra, puede utilizar cualquier fruto seco en lugar de las almendras.

| Tiempo de realización: 10 minutos | Calorías por ración: 204 |

Mejillones picantes

Ingredientes para 4 personas:

✓ 1 kg de mejillones (choros, moule)
✓ 250 g de tomate (jitomate) frito
✓ 2 dientes de ajo machacados
✓ 2 cucharadas de vino de Jerez
✓ 1 o 2 cucharadas de perejil picado
✓ 1 cucharada de paprika
✓ Sal

1

2

3

Limpie los mejillones, raspándolos con un cuchillo bajo un chorro de agua fría, y póngalos en un recipiente grande, apropiado para el microondas. Tapélo **(1)**, introdúzcalo en el horno y conéctelo a máxima potencia, durante 5 minutos.

A continuación, retire los mejillones que se hayan abierto e introduzca de nuevo los restantes en el microondas durante 2 o 3 minutos más. Filtre el líquido que habrán soltado y resérvelo.

Seguidamente, vierta el tomate frito en un cuenco de vidrio, agregue los ajos **(2)**, el jerez, el perejil y 3 cucharadas del líquido de los mejillones reservado. Incorpore la paprika, mezcle todo y cocínelo en el microondas durante 4 minutos.

Mientras tanto, retire la valva vacía de los mejillones y colóquelos uno al lado del otro en una fuente.

Por último, sale la salsa si fuera necesario, teniendo en cuenta que el líquido de los mejillones es bastante sabroso. Distribúyala sobre los mejillones **(3)** e introduzca la fuente de nuevo en el microondas, durante 2 minutos. Sirva los mejillones muy calientes.

Tiempo de realización: 25 minutos	Calorías por ración: 245

Ragú de langosta con arroz

Ingredientes para 4 personas:

500 g de langosta cocida y troceada
2 cucharadas de mantequilla
2 chalotas (escalonias) picadas
1/2 cucharada de harina
1 taza de caldo de pescado
2 cucharadas de vermut seco
3 cucharadas de tomate (jitomate) frito
Sal y pimienta

Ponga en una cazuela de vidrio la mantequilla y las chalotas, introdúzcala en el microondas y conéctelo a máxima potencia 3 minutos.

A continuación, incorpore la harina, revuelva todo bien y agregue, poco a poco, el caldo, el vermut y el tomate frito. Introduzca de nuevo la cazuela en el microondas durante 3 minutos, revolviendo el preparado 2 o 3 veces durante el proceso.

Seguidamente, sazone la salsa obtenida con sal y pimienta, incorpórele la langosta y cocine de nuevo todo junto en el microondas a máxima potencia durante 1 minuto para que la langosta se caliente.

Por último, retire la cazuela del horno y sirva el plato con arroz blanco espolvoreado con perejil picado.

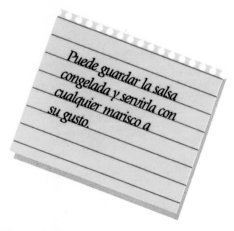

Puede guardar la salsa congelada y servirla con cualquier marisco a su gusto.

Tiempo de realización: 10 minutos   Calorías por ración: 191

Bonito encebollado

Ingredientes para 4 personas:
1 rodaja de bonito (atún, tuna) de 750 g
3 cucharadas de aceite
1 cebolla grande, cortada en aros
2 dientes de ajo picados
4 cucharadas de tomate (jitomate) frito
1 copa de vino blanco, seco
1 pimiento (pimentón) rojo de lata, cortado en tiras
1 hoja de laurel
60 g de almendras fileteadas y tostadas
Sal

Ponga el aceite, la cebolla y los ajos en una fuente de vidrio, tápela e introdúzcala en el microondas conectándolo a máxima potencia 7 minutos.

A continuación, añada el tomate, el vino, el pimiento y el laurel. Tape de nuevo y cocine todo durante 3 minutos más.

Seguidamente, agregue el bonito, sazónelo, cúbralo ligeramente con la salsa de cebolla y cocínelo a máxima potencia durante 5 minutos.

Por último, retírelo del horno, déjelo reposar unos minutos y sírvalo con las almendras por encima.

Si lo desea puede cortar el bonito en trozos o en filetes y cocinarlo del mismo modo que se indica.

Tiempo de realización: 10 minutos   Calorías por ración: 456

Vieiras estilo gallego

Ingredientes para 4 personas:
4 vieiras o jaibas de tamaño grande
2 cucharadas de aceite
1 cebolla pequeña, picada
1 diente de ajo pequeño, picado
1 taza de tomate (jitomate) frito
1/2 taza de galletitas saladas o de arroz inflado y
tostado (del tipo crispis)
1 cucharada de perejil picado

Extraiga las vieiras de sus valvas y conserve las cóncavas. Lave muy bien las vieiras, retíreles el intestino, lávelas de nuevo y resérvelas en la valva cóncava.

A continuación, ponga el aceite, la cebolla y el ajo en un cazuela de vidrio. Tápela e introdúzcala en el microondas, a máxima potencia, durante 4 minutos. Incorpore el tomate, revuelva todo para que quede bien mezclado y cubra las vieiras con esta salsa.

Seguidamente, triture las galletitas o el arroz inflado, mézclelas con el perejil y repártalas sobre las vieiras.

Por último, coloque las vieiras en el microondas, formando círculo para que se cocinen de forma uniforme, y cocínelas a máxima potencia durante 6 minutos. Retírelas del horno y sírvalas de inmediato.

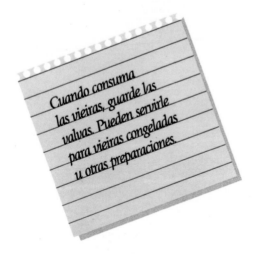

Cuando consuma las vieiras, guarde las valvas. Pueden servirle para vieiras congeladas u otras preparaciones.

Tiempo de realización: 15 minutos   Calorías por ración: 166

Rollitos de sardinas

Ingredientes para 4 personas:
850 g de sardinas abiertas y sin la raspa central
6 cucharadas de aceite
1 cebolla picada
1 pimiento (pimentón) verde, picado
750 g de tomates (jitomates) picados
60 g de jamón serrano, picado
1 cucharada de alcaparras
1 cucharadita de orégano
1 cucharada de pan rallado
Sal y pimienta

Ponga el aceite, la cebolla y el pimiento en una cazuela de vidrio, introdúzcala en el microondas y conéctelo a máxima potencia durante 5 minutos.

A continuación, añada los tomates y cocine todo otros 5 minutos. Incorpore el jamón, las alcaparras, el orégano y sal y pimienta. Conecte el horno de nuevo 2 minutos.

Seguidamente, rellene cada sardina con la salsa preparada, enróllelas y colóquelas en una fuente.

Por último, cúbralas con la salsa restante, espolvoree el pan rallado sobre ellas y cocínelas en el microondas, a máxima potencia, durante 7 u 8 minutos. Retírelas del horno, decórelas al gusto y sírvalas.

Tiempo de realización: 25 minutos   Calorías por ración: 621

Pastel de atún

Ingredientes para 4 personas:
- ✓ 150 g de atún (tuna) al natural, de lata
- ✓ 4 huevos
- ✓ 400 ml de leche evaporada (concentrada, ideal)
- ✓ 2 cucharadas de tomate (jitomate) frito
- ✓ 1 o 2 cucharaditas de mantequilla
- ✓ 1 taza de mayonesa
- ✓ Sal y pimienta

Escurra el atún del líquido de conservación y desmenúcelo.

A continuación, casque en un cuenco los huevos y bátalos; añada el atún desmenuzado (1), la leche y el tomate, sazone todo con sal y pimienta y mézclelo bien.

Seguidamente, pincele con la mantequilla un molde de corona apropiado para el microondas, vierta en él la mezcla preparada (2) y nivele la superficie. Introduzca el molde en el horno, al 75 por ciento de potencia, durante 7 minutos. Suba la potencia del horno al máximo y conéctelo 4 minutos más.

Por último, retire el molde del horno, pinche el pastel (3) con una aguja para comprobar que esté cuajado y si ésta sale seca, desmolde el pastel sobre una fuente y déjelo enfriar. Decórelo al gusto y sírvalo acompañado de mayonesa.

Tiempo de realización: 18 minutos	Calorías por ración: 437

Codornices al vinagre

Ingredientes para 4 personas:

4 codornices grandes
5 cucharadas de aceite
1 cebolla cortada en aros
4 chalotas (escalonias) cortadas en aros
4 dientes de ajo picados
8 granos de pimienta negra
1 hoja de laurel
1 cucharadita de romero
1 cucharadita de tomillo
1 taza de caldo
1 copa de vinagre de Jerez
8 pepinillos en vinagre
Sal

Introduzca la bandeja de dorar en el microondas y conéctelo a máxima potencia 5 minutos.

Mientras tanto, engrase las codornices con aceite.

A continuación, ponga las codornices en la bandeja y conecte el horno de nuevo, siempre a máxima potencia, durante 2 minutos. Retírelas de la bandeja y resérvelas al calor.

Seguidamente, agregue a la bandeja el aceite restante, la cebolla, las chalotas, los ajos, la pimienta, el laurel, el romero y el tomillo, e introduzca de nuevo todo en el microondas durante 6 minutos.

Por último, incorpore las codornices y todos los ingredientes restantes, sazónelos, tape la bandeja y cocine todo junto, siempre a máxima potencia, durante 8 o 9 minutos.

Tiempo de realización: 20 minutos   Calorías por ración: 415

Picantones en fricasé

Ingredientes para 4 personas:
4 picantones (pollitos de ración)
2 cucharadas de mantequilla
150 g de jamón serrano, picado
8 cebollitas francesas
1 copita de brandy (cognac)
1 pizca de nuez moscada, rallada
1 ramita de tomillo
Sal y pimienta

Introduzca la bandeja de dorar en el microondas y conéctelo a máxima potencia 7 minutos.

A continuación, agregue los picantones a la bandeja y cocínelos 5 minutos, dándoles la vuelta durante este tiempo para que se doren por igual. Retírelos y resérvelos.

Seguidamente, ponga en una cazuela de vidrio la mantequilla, el jamón y las cebollitas y cocine todo en el microondas 5 minutos. Incorpore los pollitos, rocíelos con el brandy y déjelos reposar durante 10 minutos para que las aves se maceren.

Por último, sazónelas con sal y pimienta, espolvoree por encima la nuez moscada y el tomillo y cocine todo de nuevo en el microondas, siempre a máxima potencia, durante 15 minutos. Durante este tiempo, dé la vuelta a los pollitos un par de veces. Retírelos y sírvalos con patatas fritas y triángulos de pan frito.

Tiempo de realización: 25 minutos	Calorías por ración: 475

Albóndigas en salsa

Ingredientes para 4 personas:
650 g de carne de ternera (añojo, becerra, mamón)
1 diente de ajo picado
1 cucharada de perejil picado
2 cucharadas de pan rallado
1 yema de huevo
Harina para enharinar
5 cucharadas de aceite
500 g de tomate (jitomate) triturado
3 cucharadas de vino blanco
Sal y pimienta

Ponga la carne en un cuenco grande, agréguele el ajo, el perejil, el pan rallado y la yema de huevo. Sazónelo con sal y pimienta y mezcle todo trabajándolo bien. Tape el recipiente y déjelo reposar en el frigorífico durante 30 minutos.

A continuación, pasado este tiempo, retire la carne del frigorífico, trabájela de nuevo y forme las albóndigas. Páselas por harina y resérvelas.

Seguidamente, caliente la bandeja de dorar en el microondas a máxima potencia durante 7 minutos. Sin retirar la bandeja del microondas, agréguele 4 cucharadas del aceite y caliéntelo 1 minuto. Incorpore las albóndigas, remuévalas con una cuchara de madera para que se impregnen bien de aceite y conecte el horno 3 minutos. Remuévalas de nuevo y cocínelas 3 minutos más. Retírelas del microondas y resérvelas.

Ponga el aceite restante y el tomate en una cazuela de vidrio. Tápela e introduzca en el microondas 5 minutos. Agregue el vino, sal y pimienta, revuelva todo y conecte el horno 5 minutos más.

Por último, cubra las albóndigas con la salsa de tomate y cocínelas en el microondas durante 8 minutos, revolviéndolas en mitad de la cocción. Sírvalas con arroz blanco o al gusto.

Tiempo de realización: 35 minutos   Calorías por ración: 475

Escalopines a la crema de mostaza

Ingredientes para 4 personas:
8 escalopines de ternera (añojo, becerra, mamón)
50 g de mantequilla
1 cebolla picada
1 cucharada de mostaza
1 vaso de vino blanco
250 ml de nata (crema de leche) líquida
Sal y pimienta

Introduzca la bandeja de dorar en el microondas y conéctelo a máxima potencia 5 minutos. Agregue la mitad de la mantequilla y los escalopines previamente sazonados con sal y pimienta y cocínelos 30 segundos. Déles la vuelta y cocínelos 30 segundos más. Retírelos y resérvelos.

A continuación, agregue a la bandeja la mantequilla restante y la cebolla y conecte el horno 3 minutos. Incorpore la mostaza y el vino, revuelva bien y cocine todo 2 minutos más.

Seguidamente, añada la nata a la salsa, revuelva todo bien y agregue los escalopines a la bandeja. Cocínelos durante 2 minutos y sírvalos con puré de patatas como guarnición.

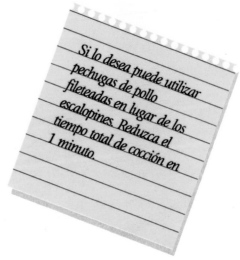

Si lo desea puede utilizar pechugas de pollo fileteadas en lugar de los escalopines. Reduzca el tiempo total de cocción en 1 minuto.

Tiempo de realización: 15 minutos   Calorías por ración: 574

Cerdo en dulce

Ingredientes para 4 personas:

1 kg de magro de cerdo (cochino, chancho) en un solo trozo
500 ml de Coca-cola
2 clavos de olor
1 cucharadita de tomillo en polvo
2 hojas de laurel
2 cucharadas de vinagre
3 cucharadas de mermelada de fresa o de moras
25 g de arroz inflado y tostado (tipo crispis) triturado
25 g de queso parmesano, rallado
Sal y pimienta

Ate la carne para que no pierda su forma. Colóquela en una cazuela grande de vidrio, cúbrala con la Coca-cola y agréguele los clavos de olor, el laurel y el vinagre. Introduzca la cazuela en el microondas, conéctelo a máxima potencia y cocínela 15 minutos. Dé la vuelta a la carne y cocínela 15 minutos más. Extráigala del horno y déjela enfriar en su jugo.

A continuación, retire el cordel de la carne, sazónela con sal y pimienta y úntela con la mermelada.

Seguidamente, mezcle en un cuenco el arroz inflado con el queso y cubra la carne con esta mezcla, procurando que quede bien adherida a la mermelada.

Por último, coloque la carne sobre una rejilla dentro de una fuente, introdúzcala en el microondas y conéctelo al 75% de potencia, durante 10 minutos. Déjela enfriar y sírvala con ensalada y decorada con frutas en almíbar.

Tiempo de realización: 40 minutos   Calorías por ración: 710

Pechugas rellenas

Ingredientes para 4 personas:
- ✓ 4 pechugas de pollo sin piel ni hueso
- ✓ 200 g de corazones de alcachofas de lata
- ✓ 50 g de queso rallado
- ✓ 1 cucharada de cebollino picado
- ✓ 25 g de miga de pan fresco
- ✓ 1 huevo ligeramente batido
- ✓ 25 g de mantequilla
- ✓ 2 cucharadas de harina
- ✓ 150 ml de nata (crema de leche) líquida
- ✓ 150 ml de caldo de pollo
- ✓ 1 cucharada de perejil fresco
- ✓ Sal

Vierta en un cuenco las alcachofas picadas, el queso, el cebollino, el pan y el huevo. Sazone y mezcle todo bien.

A continuación, aplaste las pechugas entre 2 láminas de plástico para que queden de 1/2 cm de grosor **(1)**.

Seguidamente, distribuya el relleno sobre las pechugas **(2)**, enróllelas sobre sí mismas y envuélvalas en plástico adherente **(3)**. Pinche el plástico por varios lugares y coloque los rollos en una cazuela de vidrio. Introdúzcala en el microondas y conéctelo a máxima potencia 5 minutos. Dé la vuelta a los rollos y cocínelos 5 minutos más. Retire las pechugas de la cazuela y déjelas reposar.

Por último, ponga la mantequilla en la cazuela y derrítala en el microondas. Agregue la harina, mézclela bien y cocine todo 30 segundos. Añada poco a poco la nata y el caldo y cocine 3 minutos, removiendo 2 o 3 veces. Agregue el perejil y sazone la salsa. Desenvuelva las pechugas, cúbralas con la salsa y sírvalas con verduras y patatas al vapor.

Tiempo de realización: 20 minutos	Calorías por ración: 502

Solomillos de cerdo al Oporto

Ingredientes para 4 personas:
2 solomillos (lomo) de cerdo (cochino chancho)
200 g de ciruelas pasas
200 ml de vino de Oporto
3 cucharadas de aceite
2 chalotas (escalonias) picadas
1 cucharada de concentrado de carne
1 cucharada de maicena (fécula de maíz)
100 ml de caldo de carne
Sal y pimienta negra, recién molida

Ponga las ciruelas en un cuenco, cúbralas con el Oporto y déjelas en remojo durante 3 horas aproximadamente.

Caliente la bandeja de dorar en el microondas durante 5 minutos. Barnice los solomillos con un pincel untado en un poco de aceite y colóquelos en la bandeja. Conecte el horno 1 minuto a la máxima potencia, dándoles la vuelta, y retírelos del microondas.

A continuación, retire los solomillos de la bandeja, resérvelos, e incorpore a la bandeja el resto del aceite y las chalotas picadas, conectando el microondas durante 4 minutos.

Seguidamente, ponga los solomillos de nuevo en la bandeja y añada las ciruelas junto con el Oporto. Incorpore el concentrado de carne, sazone todo con sal y pimienta, tape la bandeja y conecte de nuevo el microondas durante 5 minutos.

Por último, retire los solomillos, manteniéndolos calientes y añada a los jugos de la bandeja la maicena disuelta en el caldo. Mezcle todo bien e introdúzcalo en el horno 1 1/2 minutos, removiendo 2 veces durante este tiempo para que la salsa quede bien ligada. Corte los solomillos en filetes, no muy finos, y sírvalos con las ciruelas, con puré de patata si lo desea y rociados con la salsa caliente.

Tiempo de realización: 17 minutos   Calorías por ración: 594

Entrecote a la pimienta blanca

Ingredientes para 4 personas:

4 entrecotes de vaca (res) gruesos
2 cucharadas de granos de pimienta blanca
4 cucharadas de aceite
1 cucharadita de salsa Worcestershire
1 cucharada de vino blanco
3 cucharadas de nata (crema de leche) líquida
Sal

Machaque los granos de pimienta en el mortero. Cubra con este picadillo los entrecotes, por ambos lados, sale ligeramente la carne, rocíela con el aceite y déjela macerar en el frigorífico durante 2 horas.

Transcurrido este tiempo, introduzca la bandeja de dorar en el microondas y conéctelo a máxima potencia 7 minutos.

A continuación, ponga 2 entrecotes en la bandeja y cocínelos 2 minutos, dándoles la vuelta a la mitad del tiempo. Repita el procedimiento con los otros 2 entrecotes.

Seguidamente, ponga los 4 entrecotes en la bandeja y rocíelos con la salsa Worcestershire, el vino y la nata. Introdúzcalos en el microondas durante 5 minutos más.

Por último, retire la bandeja del horno y sirva la carne con ensalada al gusto.

Tiempo de realización: 20 minutos   Calorías por ración: 477

Canastilla de peras

Ingredientes para 4 personas:
150 g de harina con una pizca de sal
75 g de mantequilla
1 yema de huevo
1 cucharada de agua tibia

Para el relleno:
2-3 peras tipo limoneras (u otro)
1 palito (astilla) de canela en rama
La cáscara y el zumo (jugo) de 1 limón
150 g de azúcar
375 ml de agua
2 yemas de huevo
1 cucharada de maicena (fécula de maíz)
250 ml de leche
75 ml de aguardiente de pera
Nata (crema de leche) montada (batida)
Colorante alimenticio verde y hojitas de hierbabuena

Ponga la harina con sal en forma de volcán sobre una superficie de trabajo. Añada la mantequilla y la yema de huevo, trabajándolas con los dedos. Agregue el agua si fuera necesario, y cuando la masa esté homogénea, forme una bola. Extiéndala con el rodillo y forre 4 moldecitos para tartaletas. Píncheles toda la superficie y déjelos reposar durante 20 minutos.

Mientras tanto, prepare el relleno: pele las peras y colóquelas en un cuenco junto con la canela, el zumo y un trozo de cáscara de limón, 100 g de azúcar y el agua. Cubra todo con plástico adherente, perfórelo e introduzca el cuenco en el microondas a máxima potencia durante 6 minutos.

A continuación, bata las yemas de huevo con el azúcar restante, la maicena y la leche. Introduzca todo en el microondas y conéctelo 3 minutos removiendo cada 30 segundos. Agregue el aguardiente y déjelo enfriar.

Seguidamente, introduzca las tartaletas en el microondas y conecte 5 minutos. Déjelas enfriar, desmóldelas y llénelas con la crema preparada. Corte las peras en rebajadas y colóquelas encima de la crema. Decórela con la nata montada coloreada de verde y con las hojitas de hierbabuena.

Tiempo de realización: 15 minutos   Calorías por ración: 547

Escarchado de sandía

Ingredientes para 4 personas:

1/2 kg de pulpa de sandía
30 g de azúcar
El zumo (jugo) de 1 limón
2 cucharadas de agua
2 huevos

Ponga el azúcar, el zumo de limón y el agua en un cuenco, mezcle todo bien e introdúzcalo en el microondas, conectado a máxima potencia 2 minutos. Retírelo y déjelo enfriar.

A continuación, cuando la mezcla esté fría, viértala en el vaso de la batidora con la pulpa de sandía y los huevos, batiendo todo muy bien.

Seguidamente, vierta el preparado en un recipiente metálico e introdúzcalo en el congelador hasta que cuaje, unas 4 o 5 horas, batiéndolo varias veces.

Por último, bata todo de nuevo y sírvalo en la cáscara de la sandía, decorándolo con hierbabuena.

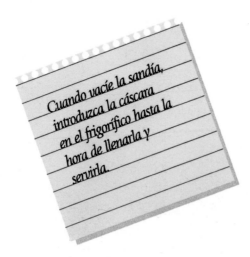

Cuando vacíe la sandía, introduzca la cáscara en el frigorífico hasta la hora de llenarla y servirla.

Tiempo de realización: 2 minutos   Calorías por ración: 95

Flan de avellanas

Ingredientes para 4 personas:

4 huevos
200 g de azúcar
1 cucharada de agua
500 ml de leche
1 trozo de cáscara de limón
150 g de avellanas tostadas y molidas

Vierta en un molde 75 g del azúcar y el agua, e introdúzcalo en el microondas a máxima potencia de 5 a 7 minutos. Cuando el caramelo esté hecho, mueva el molde para que se caramelicen también los laterales del mismo.

A continuación, vierta la leche en un cuenco junto con el azúcar restante y la cáscara de limón. Introdúzcalo en el microondas y conéctelo 10 minutos. Retire la cáscara de limón.

Seguidamente, agregue al cuenco las avellanas y los huevos batidos. Mezcle todo bien y vierta el preparado en el molde caramelizado. Introdúzcalo en el microondas durante 6 o 7 minutos.

Por último, déjelo enfriar y desmóldelo. Decórelo con nata y nueces y sírvalo.

Al retirar el flan del microondas compruebe que está bien cuajado introduciendo una aguja en el centro. Debe salir seca.

Tiempo de realización: 25 minutos	Calorías por ración: 495

Manzanas al brandy

Ingredientes para 4 personas:

✓ 4 manzanas
✓ 1 cucharada de miel
✓ 1 cucharada de pasas de Corinto
✓ 1 copa de brandy (cognac)
✓ 2 cucharadas de mantequilla
✓ 3 cucharadas de azúcar
✓ 1 cucharadita de agua
✓ El zumo (jugo) de 1/2 limón

1

Lave y seque las manzanas. Extráigales el corazón con cuidado con un descorazonador (1), procurando no llegar a la parte inferior para que el relleno no se salga. Haga un corte horizontal en la piel de las manzanas (2) y colóquelas en una fuente en la que queden apretaditas.

2

A continuación, mezcle la miel con las pasas y distribuya este relleno en los huecos de las manzanas (3). Rocíelas con el brandy y reparta la mantequilla por encima de las manzanas. Introduzca la fuente en el microondas y conéctelo a potencia máxima 8 o 10 minutos.

Seguidamente, mezcle el azúcar con el agua y el zumo de limón. Introduzca el recipiente en el microondas y cocine el preparado 7 minutos.

Por último, rocíe el caramelo preparado sobre las manzanas y sírvalas.

3

Tiempo de realización: 20 minutos   Calorías por ración: 214

Manzanas crocantes

Ingredientes para 4 personas:
250 g de manzanas peladas, sin corazón y cortadas en rodajas finas
1 pera pelada y cortada en láminas
50 g de pasas de Corinto, puestas en remojo
50 g de azúcar blanco
100 g de mantequilla
175 g de harina
50 g de azúcar moreno
La cáscara rallada de 1/2 limón

Coloque las manzanas, la pera y las pasas en una cazuela de vidrio, espolvoréelas con 1 cucharada de azúcar blanco, introduzca la cazuela en el microondas, y conéctelo a máxima potencia 4 minutos. Retire todo del horno y vierta las frutas en una bandeja poco profunda y amplia.

A continuación, mezcle la mantequilla con las dos clases de azúcar y la harina, y trabaje la mezcla con la punta de los dedos hasta conseguir un aspecto de miga de pan desmenuzada. Incorpore la ralladura de limón y extienda este migado sobre la fruta.

Por último, introduzca la fuente en el horno convencional, y cocine a potencia media unos 30 minutos o hasta que la superficie esté doradita.

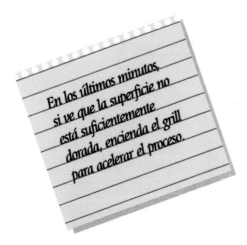

En los últimos minutos, si ve que la superficie no está suficientemente dorada, encienda el grill para acelerar el proceso.

Tiempo de realización: 35 minutos   Calorías por ración: 385

Merengues rellenos de fresón

Ingredientes para 4 personas:
1 clara de huevo
300 g de azúcar glass (glase, impalpable)
250 g de nata (crema de leche) montada (batida) con azúcar
200 g de fresones (fresas, frutillas) picados

Ponga la clara de huevo en un cuenco junto con el azúcar y bata, a mano o con una batidora eléctrica hasta que la mezcla alcance la consistencia de una masa.

A continuación, trabájela con las manos y forme bolitas pequeñas. Colóquelas en una fuente de vidrio o en la bandeja giratoria del microondas y conéctelo a máxima potencia durante 1 minuto 15 segundos. Se pueden hacer en cuatro tandas ya que crecen al cocinarse, poniendo 4 bolitas en cada tanda.

Seguidamente, practique a cada merengue una incisión profunda sin llegar a separarlos en 2 mitades.

Por último, ponga la nata en una manga pastelera y rellene cada merengue con trocitos de fresón y con nata. Colóquelos en una fuente de servir y déjelos reposar unos minutos para que estén bien sólidos.

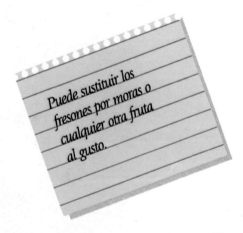

Puede sustituir los fresones por moras o cualquier otra fruta al gusto.

Tiempo de realización: 6 minutos   Calorías por ración: 496

Gelatina de cerezas

Ingredientes para 4 personas:
500 g de cerezas
60 g de azúcar
La ralladura de 1/2 limón
20 g de gelatina
2 cucharadas de licor o al gusto
150 ml de zumo (jugo) de uvas negras

Lave y deshuese las cerezas. Póngalas en un cuenco, agregue el azúcar y la ralladura de limón e introduzca el cuenco en el microondas a máxima potencia, durante 3 minutos. Cuélelas y reserve el jugo y las cerezas por separado.

A continuación, disuelva la gelatina en 2 cucharadas del jugo y cocínela en el microondas 45 segundos, removiéndola un par de veces durante este tiempo.

Seguidamente, agregue el licor, el jugo de cerezas y el de uvas y mezcle todo bien. Añada las cerezas reservadas y vierta todo en un molde, previamente humedecido con agua. Introduzca el molde en el frigorífico durante 3 horas o hasta que esté bien cuajado.

Por último, desmolde la gelatina y sírvala decorándola al gusto.

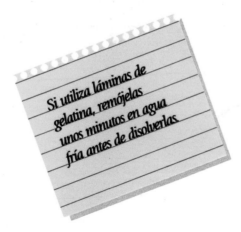

Si utiliza láminas de gelatina, remójelas unos minutos en agua fría antes de disolverlas.

Tiempo de realización: 4 minutos   Calorías por ración: 158

Plátanos Hawai

Ingredientes para 4 personas:
4 plátanos (bananos) firmes
El zumo (jugo) y la ralladura de 1 limón
50 g de azúcar
50 g de coco rallado y seco
25 g de pasas de Corinto
25 g de mantequilla
200 ml de crema inglesa o nata (crema de leche) líquida

Pele los plátanos, córtelos por la mitad en sentido longitudinal, colóquelos en una fuente de servir de vidrio y rocíelos con el zumo de limón para que no se ennegrezcan.

A continuación, mezcle la ralladura de limón con el azúcar, el coco y las pasas. Derrita la mantequilla durante 1 minuto en el microondas e incorpórela a la mezcla.

Seguidamente, cubra los plátanos con el preparado anterior y cocínelos en el microondas a máxima potencia, durante 6 minutos.

Por último, sírvalos calientes con la crema inglesa o la nata líquida.

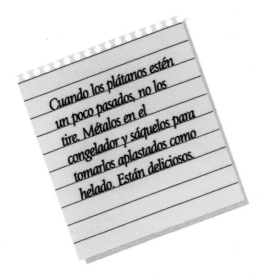

Cuando los plátanos estén un poco pasados, no los tire. Métalos en el congelador y sáquelos para tomarlos aplastados como helado. Están deliciosos.

Tiempo de realización: 7 minutos   Calorías por ración: 391

Dulce de membrillo

Ingredientes para 10 personas:
✓ *1 kg de membrillos*
✓ *800 g de azúcar*
✓ *1/2 taza de agua*

Pele los membrillos dejando algo de la piel. Retire las semillas y trocéelos. Póngalos en un recipiente de vidrio y cocínelos en el microondas, a máxima potencia, 4 minutos. Remuévalos y cocínelos 2 minutos más.

A continuación, ponga el azúcar en una jarra de vidrio y añádale el agua (1). Revuelva todo bien e introdúzcala en el microondas durante 2 minutos. Revuelva de nuevo y cocine la mezcla 2 minutos más.

Seguidamente, vierta el almíbar obtenido sobre los membrillos (2), mezcle todo bien y cocínelo de nuevo 5 minutos. Retire el recipiente, revuelva todo y cocínelo otros 5 minutos o hasta que estén muy tiernos.

Por último, triture la mezcla en la batidora y cocínela de nuevo 10 minutos removiéndola 2 veces durante este tiempo. Vierta la mezcla en un molde (3), y deje que se enfríe y tome consistencia.

Tiempo de realización: 30 minutos   Calorías por ración: 361

274

Bombones de fresón

Ingredientes para 4 personas:
250 g de fresones (fresas, frutillas) pequeños
100 g de chocolate fondant
1 cucharada de nata (crema de leche) líquida
1 cucharada de mantequilla
30 g de azúcar glass (glacé, impalpable)

Trocee el chocolate, póngalo en un cuenco e introdúzcalo en el microondas a máxima potencia, durante 40 segundos o hasta que se derrita.

A continuación, añádale la nata, la mantequilla y el azúcar y bata todo bien. Cocínelo de nuevo en el microondas durante 1 minuto más. Retírelo del horno y bata la mezcla enérgicamente.

Seguidamente, lave bien los fresones, séquelos pero no les retire las hojitas. Pínchelos por la parte del tallo con un palillo y vaya sumergiéndolos en la crema de chocolate sin cubrirlos del todo.

Por último, coloque un colador boca abajo sobre una superficie y vaya pinchando en él los palillos con los fresones para dejarlos secar. Sírvalos cuando la capa de chocolate haya quedado firme, retirando los palillos.

Para pinchar los palillos con los fresones para que se enfríen, puede utilizar patatas grandes, un melón, etc.

Tiempo de realización: 5 minutos	Calorías por ración: 199

Peras a la miel

Ingredientes para 4 personas:

4 peras
40 g de pasas
40 g de piñones o almendras
2 cucharadas de miel líquida
30 g de mantequilla
1 vaso de vino blanco, suave
3 cucharadas de jalea de grosellas

Vierta las pasas y los piñones en la batidora y hágalos puré. Páselo a un cuenco, añada la miel y mezcle todo bien.

A continuación, pele las peras y retíreles el corazón. Córteles la base de modo que se mantengan erguidas y rellénelas con la mezcla preparada.

Seguidamente, colóquelas en una fuente bien engrasada con la mantequilla y rocíelas con el vino blanco. Cúbralas y cocínelas en el microondas a máxima potencia 10 minutos.

Por último, colóquelas en recipientes de servir, recoja el almíbar de la cocción y diluya en él la jalea de grosellas. Rocíe esta mezcla sobre las peras y sírvalas.

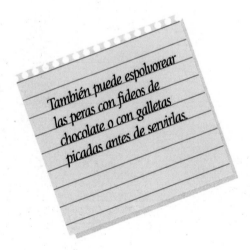

También puede espolvorear las peras con fideos de chocolate o con galletas picadas antes de servirlas.

Tiempo de realización: 20 minutos   Calorías por ración: 194

ÍNDICE